语文撞上心理学

——快乐丑小鸭

肖　军　著

科学普及出版社
·北　京·

图书在版编目（CIP）数据

语文撞上心理学——快乐丑小鸭 / 肖军著．—北京：科学普及出版社，2013

ISBN 978-7-110-08168-6

Ⅰ．①语… Ⅱ．①肖… Ⅲ．①语文教学－教学心理学－初中

Ⅳ．① G633.3

中国版本图书馆 CIP 数据核字（2013）第 054866 号

编 著 者　肖　军

绘　　画　同　同

出 版 人　苏　青

策划编辑　肖　叶

责任编辑　张　莉

封面设计　阳　光

责任校对　王勤杰

责任印制　马宇晨

法律顾问　宋润君

科学普及出版社出版

北京市海淀区中关村南大街 16 号　邮编：100081

电话：010－62173865　传真：010－62179148

http://www.cspbooks.com.cn

科学普及出版社发行部发行

鸿博昊天科技有限公司印刷

*

开本：720 毫米 ×1000 毫米　1/16　印张：9.5　字数：150 千字

2013 年 6 月第 1 版　2013 年 6 月第 1 次印刷

ISBN　978-7-110-08168-6/G·3424

印数：1—5000 册　　定价：18.00 元

作者简介

ABOUT THE AUTHOR

肖军 中学语文及心理教育高级教师、心理咨询师、湖北省科普作家协会会员，《中国学生健康报》、《心理医生》、新浪网、搜狐网等媒体心理专家，全球最大的中文网络实体书图书馆——青番茄阅读推广专家。在省级、国家级报纸杂志上发表心理学、教育学及文学作品总计数十万字。多年来坚持做中小学生心理日记点评，在国家级学生刊物上发表心理日记点评近百篇，形成了自己独特的点评风格。出版的学生心理著作有《中学生心理日记点评》、《小学生心理日记点评》（全三册）。其中，《中学生心理日记点评》一书获第六届湖北省优秀科普作品奖。

序

PREFACE

一拿到这套丛书书稿，我就被丛书的题目和内容所吸引，有一种不读不快的冲动。读完全部书稿，我更是有一种相见恨晚的感觉。

作为一名长期从事语文教学研究并时刻关注中学生心理健康的教育工作者，我有责任来写几句话，向大家推荐这套书。

据作者解释，这套丛书是从心理学的角度解读文本，同时借语文阅读中的相关素材传播心理学知识。

其实，语文阅读本身就是多角度理解文本的过程。而心理学的角度正是语文阅读众多角度中极其重要的一个。但是，因为传统思维的禁锢，也因为同学们的心理学知识不够充足，因而在语文阅读中，心理学的角度其实一直是被忽视的，或者说重视不够。但是，语文阅读一直在呼唤着心理学的到来。

语文阅读呼唤心理学主要有两个方面的原因。

首先，对文本的深度理解必须有起码的心理学知识。我们很多学生（甚至包括一些语文老师）之所以对文本的理解总是流于表面、时常犯人云亦云的毛病、缺乏自己的独到见解，其中一个重要的原因就是心理学知识比较贫乏，没有养成从心理学视角进行思考的习惯。当然，心理学方面的阅读绝不是语文阅读的全部。我们既要学会从心理学的角度阅读文本，同时还要善于离开心理学的角度，以避免语文阅读视角的单一化，保证语文阅读视角的多样性。

其次，语文心理阅读，也是我们在语文教学中渗透心理健康教育的需要。当下社会正处于转型时期，人们非常容易出现心理困扰。而学生因为心智还很不成熟，出现心理问题的概率就会远远大于成年人。学生中越来越多的心理问题向我们的语文教师提出了更高的要求：我们的语文教师能不能利用语文教学的独特优势，在传统教学目标的基础上，增加心理健康教育这一项？这不仅仅是我个人的希望，也是新时期语文教育的期待。可喜的是，越来越多的语文教师正在努力实现这个期待。

上面，我们说了语文阅读对心理学的呼唤。而我们学校的心理健康教育又何尝不是呼唤着语文阅读——希望利用语文教材中丰富的心理学素材向同学们普及心理学常识、传递心理学人文精神呢？

语文阅读教学呼唤心理学，心理健康教育呼唤语文阅读教学。而肖军老师的这套《语文撞上心理学》丛书正是在这呼唤中来到了我们中间。

这套丛书的亮点很多。从心理学的视角解读初中语文教材中的人物形象，这些都是很独到的尝试；分析语文课文中的心理防御机制和认知心理，不仅能引导学生更深入地理解课文，还能向学生普及许多有用的心理学知识；专门针对学生所做的“对成语的心理学解读”，利用生动的成语故事普及心理学知识，则能实现语文与心理学教育的双赢；“心灵小故事点评”，不仅可以让学生积累精彩的写作素材，而且可以震撼学生的心灵、促进学生的成长；而利用中学语文教材解读爱情、友情和亲情的文章更是精彩纷呈；还有“趣味心理”、“生命教育”、“情商教育”、“艺术心理”等文章都给人以耳目一新的感觉。

肖军老师在从事心理健康教育之前，当了近20年的中学语文教师，积累了丰富的语文教学经验。之后，他开始涉足心理咨询领域，并努力探索将心理健康教育与语文教育相融合的有效方式。心理日记点评和心理阅读探秘这两种方式就是他长期探索的结晶。特别是在心理日记点评方面，他积累了丰富的经验，有许多独到的心得。迄今为止，肖军老师已经在国家级学生刊物上公开发表学生心理日记点评文章近百篇，出版多部心理日记点评著作，其中《中学生心理日记点评》一书得到了《中国教师报》的重点推荐，并荣获第六届湖北省优秀科普作品奖。相信这套《语文撞上心理学》丛书同样会在同学和老师中产生较大的影响，并为中学语文教学和心理健康教育带来一股清新的空气。

此为序。

郑西银

2011.4.30

前言

FOREWORD

一切文学都是人学，而一切人学都离不开心理学。如不能从心理学的层面把握人性，文学家的写作就会流于肤浅。因此，文学家往往都是天生的心理学家。

一切阅读都是读者和作者的心灵交流。为了更好地理解作者的写作意图与作品的思想内涵，利用心理学的知识对文本进行深度解读是一个很好的途径。

这样，文学与心理学、阅读与心理学就自然而然地结合在了一起。

撰写这套心理阅读丛书，目的之一就是为了从心理学的角度启发同学们更加深入地理解作品及作家。

而另一个目的就是将心理健康教育渗透到语文教育之中。这是我在教育教学中一直努力的方向。在《中学生心理日记点评》、《小学生心理日记点评》系列著作由科学普及出版社公开出版并获得读者好评之后，我便开始了用心理学知识和原理来解读中学语文课文、赏析课外经典作品的工作。这项工作主要包括四个方面的内容：一是针对初中语文课本中某些文章的主题进行心理诠释；二是针对语文教材中的人物形象从心理学的角度进行深度解码；三是针对文章中的某个现象（或者是某个片段、某一细节）进行心理透视；四是对一些有心理含量的成语与课外小故事进行心理解读和点评。

这是一项很有趣的工作。在我近20年的语文教学实践中，在我还没有从事心理咨询工作之前，我就已经有这样一种习惯，就是常常不自觉地用心理学的眼光看待文本。在正统的语文教师看来，这种习惯是偏离语文教学正轨的、不入流的。值得庆幸的是，我一直没有放弃这种习惯，而正是因为不放弃，才有了《中学生心理日记点评》、《小学生心理日记点评》（丛书）的出版以及今天这套《语文撞上心理学》丛书的诞生。

引导中学生以心理学的视角理解中学语文教材，不仅是向中学生普及心理健康常识的需要，更是提升中学生心理素质、人文素质的需要。这项工作曾经有人尝试过，也有过不少独特的见解，但是很零碎，没有形成一部专著。而本书虽然是站在前人的肩膀上看世界、在心理学大师们的引领下向文本深处挖掘，但看到的视野还是非常有限，所到之处仍然很肤浅，系统性也不是很强。读者从本书的目录中可以发现：为了保证我们的素材大部分来自中学语文教材，少部分来自同学们所熟知的课外文章，我们无法按照一个统一的标准进行分类编排，而只能进行一个大致的分类。

另外，关于上下册的书名还需要说明一下。

从心理学的角度分析，契诃夫的著名短篇小说《变色龙》在于揭示社会中的人际关系，而安徒生的经典童话《丑小鸭》侧重对自我的认识，侧重个人内心的感受。二者存在着“外”与“内”的关系。因此，《幸福变色龙》分册侧重揭示人与人之间的关系，而《快乐丑小鸭》分册重在探索自我及感悟心灵。之所以还要在“变色龙”前面加上“幸福”二字，在“丑小鸭”前面加上“快乐”二字，读者通过阅读书中的相关文章就会明白：心理阅读一定要抛弃传统的思维方式，在纯粹心理的层面张开求异的翅膀，翱翔于思想的天空。此种思维方式，难道不正是素质教育所要求的吗？难道不正是我们的学生甚至老师所缺乏的吗？

中学生心理阅读是一项大胆而全新的尝试。既然是尝试，就难免有瑕疵。在此希望中学生读者能光临“肖军咨询师新浪博客”（http://blog.sina.com.cn/hubeixiaojun）互动交流，希望广大的语文教师、心理教师、语文专家、心理专家不吝赐教。

探秘是一段旅程。在旅程中，有了您的批评与指正，将不会再有寂寞和孤独……

肖　军

2013 年 4 月 20 日

内容简介

INTRODUCTION

本书分为上下两册。《幸福变色龙》分册重在揭示人与人之间的关系，分“趣味心理”、“爱情无价”、“友情无敌”、“亲情无限”、“生命教育”、“情商教育”、“艺术心理”、“心理常识”八个章节，《快乐丑小鸭》分册重在探索自我及感悟心灵，分“人物心理解码”、“刘禹锡对柳宗元”、“认知心理”、“心理防御机制”、“对成语的心理学解读”、“心灵小故事点评”六个章节。

本书不仅是同学们学习语文与心理学的好帮手，也是语文教师教学的好参谋，是心理教师对学生进行心理辅导的好素材。

目录 CONTENTS

第一章 人物心理解码

1. 丑小鸭：做自己才是最快乐的……2
2. 孔乙己为何成为边缘人？……6
3. 范进发疯：因为极度喜悦而出现的急性应激障碍……8
4.《雪》：南北性格之融合……12
5. 陈胜杀穷朋友源于自我意识的矛盾……14

第二章 刘禹锡对柳宗元

1. 刘禹锡对柳宗元：挫折如何变财富……18
2.《陋室铭》：温暖的画面修复受伤的心……20
3.《秋词》：希望在转角……22
4.《江雪》：自我人格的图画……24
5.《小石潭记》：凄凉的心态该如何改变？……26

第三章 认知心理

1. 从《智子疑邻》和《邹忌讽齐王纳谏》看情感对认知的影响…30
2.《乡愁》：海峡为什么是浅浅的？……34
3.《晏子使楚》：晏子超级口才的秘诀……36
4. 愚公：移的不是山而是偏见……40

第四章 心理防御机制

1.《我的叔叔于勒》中有哪些心理防御机制？…………………… 44
2. 司马迁与《史记》：升华是最好的心理防御机制…………… 48
3. 吾非鱼，也知鱼之乐——庄子的心理投射…………………… 52
4. 花为何溅泪？鸟为何惊心？………………………………… 54

第五章 对成语的心理学解读

1. 杯弓蛇影：暗示心理在作怪 ………………………………… 58
2. 杞人忧天：焦虑情绪的体现………………………………… 62
3. 惊弓之鸟：过分的恐惧可以毁灭自身 ……………………… 66
4. 欺软怕硬：源于内心脆弱 …………………………………… 68
5. 爱屋及乌：晕轮效应 ………………………………………… 70
6. 掩耳盗铃：否定心理………………………………………… 72
7. 江山易改，禀性难移：难改的是气质，不是性格 ………… 74
8. 朝三暮四：猴子为什么上当？……………………………… 76
9. 草木皆兵：情绪对知觉的影响……………………………… 78
10. 望梅止渴：是什么引出我们的口水？ …………………… 80
11. 黄粱美梦：愿望的满足 …………………………………… 82
12. 刻舟求剑：思维定势起作用 ……………………………… 86
13. 甜言蜜语：联觉和通感 …………………………………… 88

第六章 心灵小故事点评

1. 被上帝咬过一口的苹果 …… 92
2. 走钢丝的瓦伦达 …… 93
3. 悲观的哥哥与乐观的弟弟 …… 94
4. 将要被埋葬的驴子 …… 96
5. 额满，暂不雇佣 …… 98
6. 两只翻墙的蚂蚁 …… 99
7. 被自己囚禁的人 …… 100
8. 扛船赶路的人 …… 102
9. 记录阳光 …… 104
10. 酋长的好消息 …… 105
11. 苏格拉底的遗憾 …… 106
12. 昂起头来真美 …… 107
13. 被践踏的钞票 …… 108
14. 克里姆林宫的老清洁工 …… 110
15. 为生命画一片树叶 …… 111
16. 决定胜负的铜钱 …… 112
17. 肮脏的窗户 …… 114
18. 方向没有错，路错了 …… 115
19. 人生的秘诀 …… 116

20. 永远的坐票 …………………………………………………… 117
21. 成功并不像你想象的那么难 ………………………………… 118
22. 让人扫兴的理发师 ………………………………………… 120
23. 飞翔的蜘蛛 …………………………………………………… 122
24. 世上最坚强的东西 ………………………………………… 123
25. 一加一可以大于二 ………………………………………… 124
26. 愚钝的力量 …………………………………………………… 126
27. 渔王的苦恼 …………………………………………………… 128
28. 爱心的力量 …………………………………………………… 130
29. 请不要开错窗 ……………………………………………… 131
30. 一堵将要倒的墙 …………………………………………… 132
31. 有些事并不像它看上去那样 ………………………………… 133
32. 一担柴与一个苹果 ………………………………………… 134
33. 养牛之道 ……………………………………………………… 135
34. 心灵的房子 …………………………………………………… 136
35. 习惯成自然 …………………………………………………… 137
36. 让人胆战的桥 ……………………………………………… 138

第一章

人物心理解码

1 丑小鸭：做自己才是最快乐的

丑小鸭从来都没有想过要做天鹅，但它最终成了天鹅。这是因为它本来就是天鹅，是一枚天鹅蛋无意中被鸭妈妈孵化而降临在鸭子的王国里。虽然历经千辛万苦，但它最终还是做回了自己，成了一只美丽的白天鹅。

如何做真正的自己，是每一位青少年朋友都要认真思考的问题，因为这是一个人走向成熟的基本前提。

但是，在现实中，不仅许多青少年朋友没有做真正的自己，就是社会上许多成年人也没有做真正的自己。不能做真正的自己，主要表现在：不能准确而客观地认识自己的缺点和优点；不知道如何发扬自己的优点，避免自己的缺点；对自己的性格不接纳，如内向的人总幻想自己成为外向的人，外向的人又羡慕内向的人；没有自己独立的见解，总是人云亦云；特别喜欢跟风，特别喜欢从众，如别人穿了一件漂亮衣服，自己也要赶紧去买，而不管自己是不是适合穿这种款式的衣服；特别在乎别人的评价，自己的所作所为都受到周围人的评价的影响，而当周围人的评价相互矛盾的时候，就不知道该如何是好了；不满意自己的父母、自己的家庭、自己的班级和学校，甚至不满意自己的国家，总认为别的国家好，等等。

不能接纳自我，不能做真正的自己，其实是很痛苦的，是不可能得到幸福的。从根本上讲，世界上很多的痛苦其实就来源于此。

丽丽同学，现在大街上流行穿花裙子了，你不穿就太落伍了！

当然，丑小鸭不能做自己，也就是不能做天鹅，那是阴差阳错造成的。丑小鸭在它成长的过程中为这个阴差阳错付出了沉重的代价，但它也因此更加懂得了做自己的价值和意义。苦难和磨练让它对于幸福有了更深刻的体验。这也算是上苍赐给它的一笔财富吧！可见，只要我们翻过了眼前这座苦难的大山，苦难就会帮我们找到真正的自己，就会化作我们人生的幸福之源。

可是，在我们的周围，很多人不能做真正的自己，并不是被迫的，而是他们经不起外界的某些诱惑，主动放弃做自己的。比如，有人看见当官很风光，就丢掉自己真正的爱好，一心想往上爬，而全然忘记了真正适合自己的事业。再比如，有些青少年朋友喜欢模仿明星的打扮和派头。如果这种模仿是适度的，那不过是对明星的一种心理认同；但如果这种模仿过分了，则很可能就是缺乏自我意识、不能做真正自我的表现。成语故事“东施效颦”中的东施就是古代因追星而失去自我或者说不愿意做自己的例子。

安徒生在《丑小鸭》的结尾这样写道：“当我是那只丑小鸭的时候，我从来也没梦想过我能够这么快乐！”换言之，当一个人开始做自己的时候，才发现，自己是多么快乐和幸福！

那么中学生朋友们，你们该如何做自己呢？

首先，你既要重视人际关系，重视他人的评价，重视与他人的合作，又不能被他人的评价所左右，不能依赖他人。比如，你的爸爸妈妈对你的评价很重要，你要重视，但是你又不能被父母的评价所左右，你要有自己的主见，要有自己的处世原则和方式。这样，你才是一个独一无二的你，才是真正成熟的表现。

其次，你要了解自己真正的优势。你看见自己同桌的语文成绩很棒，就很想超过这位同学，却忘记了自己的优势其实是数学。你在恶补语文的时候，却把自己的数学优势丢弃了。这时的你，就是在做同桌的影子，而没有做真实的自己。再比如，你的文化课成绩不如其他同学，但是，你的体育成绩却非常出类拔萃。这时，如果你在争取文化课成绩不掉队的情况下，最大限度地发挥自己的体育特长，那么，你就是在做真正的自己。

当然，要发现自己真正的优势并不是一件很容易的事情。有的人快老了，才发现自己的真正优势所在。这样的例子并不少见。更可惜的是，有的人一辈子也没有发现自己真正的优势。这样的人就像一只没有目标的苍蝇，在现实的空间里乱撞。这样的人是一辈子也不知道如何做自己的。

找到了自己真正的优势，是不是就意味着你能做真正的自己了？还不是。在发挥自己优势的时候，你还需要给自己一个合适的奋斗目标。举个例子：你知道自己的优势在数学方面，可是，在确定数学学习目标的时候，你的目标过高了（要做陈景润第二），超过了你实际的数学才华。你在这个努力的过程中就没有真正做自己，而是在做陈景润的翻版，那么，这个目标就是不切实际的。

即使你找到了自己的优势所在，也能给自己定一个合理的目标，但是在为目标而奋斗的过程中，过于浮躁，不能接受暂时的挫折和失败，也不能算做真正的自己。

总之，要做真正的自己，你需要做到：重视别人的评价，又不为别人的评价所左右；善于发现自己的优势，并根据自己的优势确定合理的奋斗目标；同时在努力的过程中，还要平静地对待成败得失。如果做到了以上几点，你就可以自豪地大声说：我很幸福！因为我在做真正的自己！

2 孔乙己
为何成为边缘人？

“孔乙己是站着喝酒而穿长衫的唯一的人。”孔乙己一出场就显示了其经济地位与自我意识的矛盾。“站着喝酒”表明他的经济地位处于社会最底层，而“穿长衫”则表明他又时刻以上等人自居。

孔乙己做不了上等人，可是他又不愿意做下等人，只有做一个边缘人——一个被“短衣帮”与“穿长衫的”共同排斥的，游离于社会秩序、道德规范之外的边缘人。边缘人身份注定了他一辈子孤独无助地生活。他不属于任何一方，而任何一方都可以肆无忌惮地嘲弄他。所以，当孔乙己形单影只地出现在酒店里的时候，他立即成为“短衣帮”与“穿长衫的”共同取笑的对象。

孔乙己为什么会成为边缘人？这其实是孔乙己人格结构失衡的结果。精神分析心理学派代表人物弗洛伊德将人格结构分为本我、自我、超我三个部分。“本我”与生俱来，带有原始动物性的本能，比如食欲、性欲、攻击欲等；“超我”在一定社会环境下形成并包含有精神、道德、品格等时代因素，追求人性的高尚与完美，比如道德感、价值观等。“本我”与“超我”自然形成一对矛盾，动荡失衡是它们的常态。但是，遵循现实原则的“自我”在它们之间起着调和作用，使它们能够保持和谐与平衡：“自我”或者拉低“超我”以适应现实，或者平抑“本我”的冲动使之符合社会规范。否则任何一方占了上风，都会出现心理失衡，造成心理问题甚至出现心理疾病。

作为一个传统的中国知识分子，也就是一个“士子”，其人格中的“超我”应该是做群体的代言人，做社会的启蒙者，为社会树公平和正义。当然，这种“超我”的思想并不是每个士子都能够真正做到的，但至少应该有这样一种意识。可是，孔乙己呢？他的眼里只有考取功名，获得荣华富贵。他每天活在获得功名的幻想之中，也活在好吃懒做的现实之中。这种“超我”的严重缺失，其实代表的是封建社会晚期部分知识分子的思想状况。这也是中国在封建社会后期开始走向衰落的原因之一。而“超我”的缺失又源于“超我”的过分膨胀。程朱理学中“存天理、灭人欲”的思想就是试图彻底消灭“本我”的存在。“本我”是人格中能量最强大的部分，是不可能被消灭的，而“超我”则是相对比较脆弱的部分，是需要“本我”提供能量支持的。结果，“本我”不仅没有被膨胀的“超我”所消灭，相反令“超我”走向了衰落。

所以，我们可以说，孔乙己的悲剧并不是他个人的悲哀，而是整个封建社会发展到最后整个士子阶层的悲哀。为了避免这种社会悲剧的出现，在明朝出现的“以情抗理”思潮（如汤显祖的《牡丹亭》）曾试图对程朱理学的思想进行必要的矫正。可惜，这种思潮在清军的入侵以及随之而来的文化高压统治下夭折了。

孔乙己的人格失衡，不仅表现为“超我”的严重缺失，而且表现为“超我”的混乱。如在他因偷窃被殴打而遭人取笑时，他虽然也会“涨红了脸”，但马上又以“读书人的事，能算偷么”来强辩。“涨红了脸”是“超我”（道德感）在起作用，说明他的“超我”虽然缺失了，但还有少量残留；“读书人的事，能算偷么？”则说明他残留的一点“超我”也是极其混乱的。

孔乙己人格结构的失衡有没有导致他产生心理疾病，我们不得而知，但是，导致他无法找到自己的人生坐标，只能做一个社会的边缘人，则是可以肯定的。

3 范进发疯：因为极度喜悦而出现的急性应激障碍

原文欣赏：

那邻居飞奔到集上，一地里寻不见；直寻到集东头，见范进抱着鸡，手里插个草标，一步一踱的，东张西望，在那里寻人买。邻居道："范相公，快些回去！你恭喜中了举人，报喜人挤了一屋里。"范进当是哄他，只装不听见，低着头往前走。邻居见他不理，走上来，就要夺他手里的鸡。范进道："你夺我的鸡怎的？你又不买。"邻居道："你中了举了，叫你家去打发报子哩。"范进道："高邻，你晓得我今日没有米，要卖这鸡去救命，为甚么拿这话来混我？我又不同你顽，你自回去罢，莫误了我卖鸡。"邻居见他不信，劈手把鸡夺了，掼在地下，一把拉了回来。报录人见了道："好了，新贵人回来了。"正要拥着他说话，范进三两步走进屋里来，见中间报帖已经升挂起来，上写道："捷报贵府老爷范进高中广东乡试第七名亚元。京报连登黄甲。"

范进不看便罢，看了一遍，又念一遍，自己把两手拍了一下，笑了一声，道："噫！好了！我中了！"说着，往后一跤跌倒，牙关咬紧，不省人事。老太太慌了，慌将几口开水灌了过来。他爬将起来，又拍着手大笑道："噫！好！我中了！"笑着，不由分说，就往门外飞跑，把报录人和邻居都吓了一跳。走出大门不多路，一脚踹在塘里，挣起来，头

发都跌散了，两手黄泥，淋淋漓漓一身的水。众人拉他不住，拍着笑着，一直走到集上去了。众人大眼望小眼，一齐道：“原来新贵人欢喜疯了。”老太太哭道：“怎生这样苦命的事！中了一个甚么举人，就得了这个拙病！这一疯了，几时才得好？”娘子胡氏道：“早上好好出去，怎的就得了这样的病！却是如何是好？”众邻居劝道：“老太太不要心慌。我们而今且派两个人跟定了范老爷。这里众人家里拿些鸡蛋酒米，且管待了报子上的老爹们，再为商酌。”

心理解码：

范进为了进入上层社会，苦苦挣扎了几十年，已经快到了走投无路的地步。忽然之间，有人告诉他：你中举了！你进入上层社会的愿望已经实现了！

可怜又可悲的范进在巨大的喜悦面前一下子就出现了心理上的急性应激障碍。

经过了汶川地震之后，同学们可能对“急性应激障碍”这个心理学专业词汇并不感到陌生了。在自然灾害事件以及人为的灾难事件发生时，幸存者因为巨大的恐惧和悲痛而无法面对灾难，会出现诸如心动过速、震颤、出汗、面色潮红、失态等异常的心理反应，这就是急性应激障碍。

不仅灾难会让人出现急性应激障碍，大喜过望也会让人出现急性应激障碍。范进中举后发疯就属于后者。这么说是有根据的：

1．范进发疯符合发病原因——有异乎寻常的刺激源。对于已经五十多岁、经历了二十多次考试、半生穷困潦倒的范进来说，几十年来郁结心头、热切盼望却又不敢置信的事蓦然实现了，这无异于“一步登天”。这种从天而降的大喜，同几十年来的惯性运动相碰撞，产生了强烈的震动，是一个非常明显的刺激源。饱经辛酸折磨的范进承受不住这强烈的刺激也在情理之中。

2．有异常性的兴奋，行为有一定盲目性。文中写道：“范进看了一遍，又念一遍，自己把两手拍了一下，笑了一声，道：‘噫！好了！我中了！’说着，往后一跤跌倒，牙关咬紧，不省人事。老太太慌了，慌将几口开水灌了过来。他爬将起来，又拍着手大笑道：‘噫！好！我中了！’笑着，不由分说，就往门外飞跑，把报录人和邻居都吓了一跳。走出大门不多路，一脚踹在塘里，挣起来，头发都跌散了，两手黄泥，淋淋漓漓一身的水。众人拉他不住，拍着笑着，一直走到集上去了……”这种行为方式已经是极度兴奋的状态，完全失去了理智控制，行为的盲目性十分明显。

3. 范进发疯时，社会交往能力严重受损。文中写道：“见范进正在一个庙门口站着，散着头发，满脸污泥，鞋都跑掉了一只，兀自拍着掌，口里叫道：‘中了！中了！’”在这样的状态下，范进根本不可能和他人有正常的人际交往，社会交往能力也就暂时消失了。

4. 急性应激障碍一般在受刺激后若干分钟至若干小时发病，病程短暂，大多持续数小时至1周，通常在1月内缓解。范进发病也就在他确认自己中举的几分钟内，其症状也只持续了几个小时。

那为什么胡屠户一巴掌就治好了他的心理疾病呢？这是因为胡屠户的一巴掌让他迅速回到了以前压抑和苦闷的生活中。这样，压抑和苦闷就抑制了他过分的喜悦，从而使他的心理状态趋于平衡。心理平衡了，心理疾病的症状也就消失了。这一招是谁想到的？是报录的人想到的。

在现代社会，因过分喜悦而出现急性应激障碍的案例也不少

著名画家傅小石在获知被平反时，太兴奋了，当即中风昏倒。

彩民李先生花两元钱买双色球中了头彩，获得1250万元大奖后，三天三夜不吃不喝，心脏很难受，气喘不过来了，只好到医院挂水。都说人逢喜事精神爽，他为何中了大奖却似患了大病？其原因是李先生的喜事，远远地超出了他的预期，让他遭遇了急性应激障碍。

因为急性应激障碍一般在受刺激后1小时之内发病，因此，在还能自控的时候，要主动采取分散注意力，即采用转移的应对方式，例如通过听音乐、运动、旅游等适当的活动转移个人对应激源的注意力，有利于缓解过分悲伤或过分喜悦的情绪。

4《雪》：南北性格之融合

我国的南方和北方，自然环境迥异，人文环境也大不相同。

自古以来，江南就以温柔之乡闻名于世，而朔北则以大漠孤烟的雄奇展现在人们面前。南方人细腻，北方人豪迈；南方人善经济，北方人善骑射。而中华民族的整体性格正是在这两种性格的融合中逐步提升并走向成熟的。

这种南北融合的思想在鲁迅的散文《雪》中得到了充分的体现。

江南是鲁迅的故乡，是他童年生活的地方，他对故乡有许许多多回忆。那回忆是温暖的，是美好的，正如江南的雪，雪中美好的景色，让人回味和留念。故乡永远是鲁迅温暖的家，美好的理想是鲁迅永远的向往和追求。北国，是鲁迅现在生活的地方，代表着严酷的现实环境。作为战士，故乡固然十分美好，让人眷恋，但现在更需要北方雪一样的坚定、勇敢、不屈不挠的抗争精神。

全文的主体是两幅雪景：一幅是记忆中的故乡江南的雪景，一幅是现实中居处的朔方的雪景。这一南一北两幅雪景，包含着多种因素的对比：前者滋润美艳，后者冰冷坚硬；前者相互粘结，后者如粉如沙；前者蕴含着春温，后者抗击着严寒；前者在晴日下自会逐渐消释，后者在晴天里蓬勃地奋飞……这一系列对比，并无褒贬。对比之下，南北雪花的独特个性就显得格外鲜明而突出了。

江南的雪是一种温润、宁静的美，但还需要有北方雪的精神，一种在孤独的境遇下独自抗争的精神。南北的雪相互衬托，南北的性格完美结合，才能创造春天一般美好的世界。

5 陈胜杀穷朋友
源于自我意识的矛盾

陈胜还在做佣耕的时候，曾对自己的穷朋友许下“苟富贵，毋相忘”的诺言，但是人们怎么也没有想到，如此有远见卓识的陈胜，竟然食言杀掉了自己的穷朋友，失掉了好不容易笼络起的人心。太史公一针见血地评论道：“此其所以败也。”还是先看一下《史记·陈涉世家》中陈胜杀穷朋友的记载吧！

陈胜王凡六月。已为王，王陈。其故人尝与佣耕者闻之，之陈，扣宫门曰：“吾欲见涉。”宫门令欲缚之。自辩数，乃置，不肯为通。陈王出，遮道而呼涉。陈王闻之，乃召见，载与俱归。入宫，见殿屋帷帐，客曰：“伙颐！涉之为王沉沉者！”楚人谓多为伙，故天下传之，伙涉为王，由陈涉始。客出入愈益发舒，言陈王故情。或说陈王曰：“客愚无知，颛妄言，轻威。”陈王斩之。诸陈王故人皆自引去，由是无亲陈王者。

译文：

陈胜称王总共六个月的时间。当了王之后，以陈县为国都。一位曾经与他一起给人家耕田的伙计听说他做了王，就来到陈县，敲着宫门说：“我要见陈涉。”守宫门的长官要把他捆绑起来。经他反复解说，才放开他，但仍然不肯为他通报。等陈王出门时，他拦路呼喊陈涉的名字。陈王听到了，才召见了他，与他同乘一辆车子回宫。走进宫殿，看见殿堂房屋、帷幕帐帘之后，客人说："伙颐！陈涉大王的宫殿高大深邃啊！"楚地人把"多"叫作"伙"，所以天下流传"伙涉为王"的俗语，就是从陈涉开始的。这位客人在宫中出出进进越来越随便放肆，还常常跟人讲陈涉的一些旧事。有人就对陈王说："您的客人愚昧无知，专门胡说八道，有损于您的威严。"陈王就把来客杀死了。从此之后，陈王的故旧知交都纷纷自动离去，再没有亲近陈王的人了。

从表面上看，陈涉杀自己的穷朋友有三个原因：

其一，穷朋友竟敢"遮道而呼涉"，即在大庭广众之下直呼陈胜

其名“涉”。陈胜称王后，有个曾经与他一同佣耕的穷朋友去找他。宫门令非但不通报，还要捆他。适逢陈胜出，穷朋友于是“遮道而呼涉”。既“遮道”，又直呼其名，在穷朋友看来是亲热无隔阂，但在已称王的陈胜看来则是“无礼”。不过他虽然不高兴，却也还是容忍了。

其二，穷朋友“见殿屋帷帐”，竟敢随便乱讲什么“伙颐！涉之为王沉沉者！”这样的话不仅传播了出去，而且成了一个典故。陈胜当然不高兴，但依然容忍了。

其三，穷朋友竟敢叙与陈胜佣耕时的“故情”，这无异于揭老底。陈胜终于忍耐不住，于是将穷朋友杀掉了。

如果进行深度的分析，我们就会发现，陈涉的自我意识中存在着一对难以调和的矛盾：他不相信王侯将相是天生的贵种（“王侯将相宁有种乎”），可又必须把自己包装成地地道道的贵种：我陈胜可是上天派来的“陈胜王”啊！这正如他一方面要利用手下人的迷信心理来进行舆论宣传，进行领袖形象的包装，另一方面又要教育手下人抛弃对王侯将相的迷信心理一样，都是很难调和的矛盾。

正是这种难以调和的矛盾心理令他非常害怕别人提起他的过去——提起过去会令他的自我认同出现困难。正是自我意识中的矛盾心理导致他杀了自己的穷朋友。当然，杀了穷朋友并不能从根本上解决他自我意识上的矛盾，而仅仅只能缓解这种矛盾而已。

如果从文化上进行解读，那么陈涉杀了穷朋友则是文化的破坏与重建的矛盾。陈涉只知道破坏旧的文化，却意识不到重建新文化的重要性，或者说根本就没有能力重建新文化，这就注定了他失败的命运。这也是在中国几千年的封建社会中，农民起义总是以失败告终的根本原因。

当然，从社会学的角度进行解读，陈涉起义是有其进步意义的，我们对其进行的心理及文化解读并不能抹杀其社会功绩。

第二章

刘禹锡对柳宗元

1 刘禹锡对柳宗元：挫折如何变财富

在同学们中间，经常可以发现这样的现象：同样是面临人生的挫折，如升学考试失败，被老师和同学误解等，有的同学能够坦然面对并努力完善自我；有的同学则不然，他们或怨天尤人，或自暴自弃，最后还将自己的极端情绪合理化，名曰：我已经看透了！

他们真的能看透吗？我们不妨先来看看唐朝文学家柳宗元和刘禹锡各自的命运吧！

柳宗元和刘禹锡有着同样的才华——两人同在21岁中进士，有着同样的遭遇——一同在唐朝中央政府任要职，并参加王叔文的政治改革，改革失败后又同时被贬到当时最偏远的两个地区任小官吏。但他们却有着截然不同的结局——柳宗元40多岁便怀着一腔悲愤离开了人间，刘禹锡则在闲适的晚年生活中欢度了他的70岁大寿。

其中的原因肯定是复杂的，但是有两个字不得不说，那就是“心态”二字。后期的柳宗元如后期的李清照一般抑郁寡欢——这在他的作品中体现得淋漓尽致——是典型的抑郁心态；刘禹锡则和苏轼一样自始至终都极为乐观旷达——这同样在他的作品中得到了充分的体现——被后人戏称为“不可救药的乐天派”。

当被贬为永州司马的柳宗元在“凄神寒骨悄怆幽邃”的小石潭边凄凄惨惨凄凄，在寂寥无人的江边“孤舟蓑笠翁，独钓寒江雪”的时候，同样被贬的刘禹锡却正在“谈笑有鸿儒，往来无白丁”的陋室中快乐地“调素琴，阅金经”，在秋天的田野里欣赏“晴空一鹤排云上”的美景，抒发“便引诗情到碧霄”的豪情。

刘禹锡因为有着积极的心态，所以他能够在不幸中看到幸运：被贬之后“无丝竹之乱耳，无案牍之劳形”的生活是被贬之前所不敢奢望的，是幸运的，是值得享受的。23 年的被贬生活结束之后，在扬州相聚的酒席上，他虽然也难免有些悲伤，但他还是马上看到了希望，看到“千帆过”，看到“万木春”。这些挫折因此化作刘禹锡一生中最大的财富。

柳宗元因为始终无法摆脱悲愤和凄凉，小石潭的美景也只能让他的灵魂得到片刻的安宁和愉悦，而片刻的愉悦又激起他更大的悲凉。那么，美丽的小石潭也只能成为他的伤心地，并因“不可久居”“乃记之而去”了。柳宗元终因无法承受这大不幸而过早地离开了让他痛苦不堪的世界。

通过柳宗元和刘禹锡不同的命运，同学们能够看清楚人生的真谛吗？还会在经受挫折后因为无法调节自己的内心而以“我看透了”来欺骗自己吗？

试一试，向刘禹锡学习——学习如何调节自己的内心。这样，挫折才会变财富哦！

2 《陋室铭》：温暖的画面修复受伤的心

原文欣赏：

山不在高，有仙则名；水不在深，有龙则灵。斯是陋室，惟吾德馨。苔痕上阶绿，草色入帘青。谈笑有鸿儒，往来无白丁。可以调素琴，阅金经。无丝竹之乱耳，无案牍之劳形。南阳诸葛庐，西蜀子云亭。孔子云："何陋之有？"

心理解码：

"穷则独善其身，达则兼济天下"是中国古代知识分子一贯的行为准则。刘禹锡在改革失败被贬之后，便迅速转变生活态度，从积极的入世境界（兼济天下）进入消极的出世境界（独善其身）。消极出世并不是逃避，而是他维护内心平衡的必要手段，也是他今后积极入世的一种准备。

和一般知识分子的"独善其身"所不同的是：他的"独善其身"是一种充满了喜悦的、诗化的"独善其身"。这种"独善其身"让他的心灵化作了门前宁静的青草地。"苔痕上阶绿，草色入帘青"写的既是眼前之景，也是心灵之景。整篇文章的基调是快乐的，画面是温暖的。正是这快乐的基调和温暖的画面在修复着刘禹锡受伤的心灵。

刘禹锡面对挫折的态度可以给我们什么心理启示呢？

当受到挫折甚至伤害时，我们难免会悲观、失望和伤感。这时，我们可以适当停下追求的脚步，好好享受生活，好好欣赏人生旅途上的风景。如果我们的内心还是无法摆脱凄凉，我们则可以用诗歌、美术、音乐等艺术形式在内心创造一些温暖的画面。慢慢地，温暖一定会定格在我们心中。

3 《秋词》：希望在转角

原文欣赏：

自古逢秋悲寂寥，我言秋日胜春朝。
晴空一鹤排云上，便引诗情到碧霄。

心理解码：

刘禹锡只比柳宗元大一岁。他们一同参加政治革新运动，并遭受同样的打击，但刘禹锡的心理承受能力显然要比柳宗元强得多。刘禹锡被贬到朗州时（今天的湖南省常德市）只有 34 岁。正值春风得意之时，一觉醒来却发现自己被赶出了朝廷，其苦闷是可想而知的。一般人在这种遭遇之下遇到肃杀的秋天都难免有悲秋之感。

悲秋，从来就是诗人的职业病。这种职业病的背后是对现实的失望，是对前途的悲观。在悲观失望的情绪下，当然就只看到秋天的萧条、寂寥与死气沉沉了。

刘禹锡在被贬的境地下，居然能反其道而行之，认为秋高气爽的天空使人心胸开阔，更有诗意。针对秋天的寂寥，他偏说比那万物萌生、欣欣向荣的春天要好，认为秋天并不是死气沉沉的，而是很有生气。不信？请看那振翅高举的鹤。它在那秋日的晴空中，排云直上，矫健凌厉，一股奋发有为、大展鸿图的气势。显然，这只鹤是孤单的，但又是独特的、顽强的。正是这只顽强奋斗的鹤，冲破了秋天的肃杀氛围，令大自然别开生面，令志士们的精神也振作起来。这只鹤是刘禹锡人格精神的化身，也是其奋斗精神的体现。诗歌最后以“便引诗情到碧霄”结束，这“诗情”即志气。人果真有志气，便有奋斗精神，便不会感到寂寥。

永远对前途不悲观，永远对自己有信心！特别是当自己的信心受到重大打击的时候，一定要不断暗示自己：我还有信心！我还有希望！希望就在转角！这不仅是该诗的成功之处，更是刘禹锡做人的成功之处。

4 《江雪》：自我人格的图画

原文欣赏：

千山鸟飞绝，万径人踪灭。
孤舟蓑笠翁，独钓寒江雪。

心理解码：

柳宗元的山水诗，大多描写比较幽僻清冷的境界，借以抒发自己遭受迫害被贬的抑郁悲愤之情。这首诗描绘了一幅渔翁寒江独钓图，表达了诗人在永贞革新失败后，虽处境孤独，但仍傲岸不屈的性格。

开头两句“千山鸟飞绝，万径人踪灭。”描写雪景，“千山”、“万径”都是夸张语。山中本应有鸟，路上本应有人，但现在是“鸟飞绝”、“人踪灭”了。诗人用飞鸟远遁、行人绝迹的景象渲染出一种荒寒寂寞的境界。虽未直接用“雪”字，但读者似乎已经见到了铺天盖地的大雪，已经感觉到了凛冽逼人的寒气。这正是当时严酷的政治环境的折射。

“孤舟蓑笠翁，独钓寒江雪。”两句刻画了一个寒江独钓的渔翁形象。在漫天大雪，几乎没有任何生命的地方，有一条孤单的小船，船上有位渔翁，身披蓑衣，独自在大雪纷飞的江面上垂钓。

这个渔翁的形象显然是诗人自身的写照，也是孤独和不屈的象征。

在严酷的政治环境中顽强而不妥协，固然值得肯定，而柳宗元以此心态创作的诗歌当然也是艺术中的珍品，但他不能及时转移自己对失败的关注，不能像刘禹锡那样用积极温暖的画面替代悲观凄冷的画面——这在心理健康层面则是不可取的。

5《小石潭记》：凄凉的心态该如何改变？

原文欣赏：

从小丘西行百二十步，隔篁竹，闻水声，如鸣佩环，心乐之。伐竹取道，下见小潭，水尤清洌。全石以为底，近岸，卷石底以出，为坻，为屿，为嵁，为岩。青树翠蔓，蒙络摇缀，参差披拂。

潭中鱼可百许头，皆若空游无所依。日光下澈，影布石上，佁然不动，俶尔远逝，往来翕忽。似与游者相乐。

潭西南而望，斗折蛇行，明灭可见。其岸势犬牙差互，不可知其源。

坐潭上，四面竹树环合，寂寥无人，凄神寒骨，悄怆幽邃。以其境过清，不可久居，乃记之而去。

同游者：吴武陵，龚古，余弟宗玄。隶而从者，崔氏二小生：曰恕己，曰奉壹。

心理解码：

柳宗元被贬之后，始终无法摆脱悲愤而凄凉的心态。这凄美的小石潭就是柳宗元心态的最好写照。

我们可以这样说：正是过分悲观的心态使柳宗元在现实中的不

幸遭遇最终转化为心灵之不幸。

不过，也许正因为柳宗元无法承受这不幸中之不幸，他才对眼前的景色有了更深刻、更独到的体验，中国文学，特别是中国古代山水游记才有了最闪亮的一笔，柳宗元的不幸又成为中国文学之万幸！也许正因为柳宗元的抑郁悲伤，柳宗元才得以成为与韩愈齐名的唐朝散文大家（也是唐宋八大家中仅有的两位唐朝大家），并成就了世界上独一无二的柳宗元。所以，即使是不幸中的不幸，换一个角度思考，可能又成了万幸呢！

心态可以影响我们的思考角度，甚至可以决定人生的幸与不幸；如果我们学会经常变换角度思考问题，又可以反过来影响我们的心态，同样有可能改写我们的人生！

当然，要保证有一个好的心态，我们还必须有一个好的生活方式。柳宗元能不能像刘禹锡一样广交朋友，多参加娱乐活动，多写一些乐观向上的作品呢？如果他真的做到了以上几点，他是不是能改变自己的心态，进而改变自己凄惨的命运呢？这是留给同学们思考的问题。

第三章

认知心理

1 从《智子疑邻》和《邹忌讽齐王纳谏》看情感对认知的影响

《智子疑邻》原文欣赏：

宋有富人，天雨墙坏。其子曰："不筑，必将有盗。"其邻人之父亦云。暮而果大亡其财，其家甚智其子，而疑邻人之父。

译文：

宋国有一个富人，天下大雨，他家的墙坏了。富人的儿子说："要是不修筑，一定会有盗贼来偷东西的。"邻居家的老人也这样说。晚上，富人家果然丢失了很多东西。结果，那个富人就认为自己的儿子很聪明，却怀疑邻居家的老人偷了他家的东西。

智子疑邻的故事出自《韩非子》。它生动地揭示了一个心理学常识，那就是：一个人的情感会影响甚至干扰其理性的判断。两个人给自己提出相同的建议，儿子提建议是有智慧的表现，而邻人之父提建议就有犯罪嫌疑。哪个犯罪分子在实施盗窃之前还会提醒人家加强安保措施呢？如果这个宋国的富人不是对自己的邻居一直有很重的排斥警惕之心甚至厌恶之情的话，他是不会这样怀疑邻居的。如果他

不是十分喜欢自己儿子的话，他可能会认为儿子只是蒙对了而已，也不会认为儿子很聪明。

初中语文课本中还有一篇文章也反映了情感对认知的影响。这篇文章就是《邹忌讽齐王纳谏》。不过，邹忌与那个宋国富人不同，他有很强的自我反省能力。邹忌问妻子："我孰与城北徐公美？"其妻曰："君美甚，徐公何能及君也？"其妻的回答是先表示极大的赞美，然后再用反问句表示强调，其中的情感因素十分强烈。正因为其妻的情感因素过于强烈，所以，他对邹忌美的认知就必然会受到情感因素的干扰而作出错误的判断。而邹忌之妾因为"畏"他而做出的回答则可能有情感因素的干扰，也可能是她善意的谎言。至于客因为"有求于他"而做出的回答，则显然是善意的谎言，因为我们从客人的回答中已经感受不到什么情感色彩了。"徐公不若君之美也"，这是典型的应付口吻。

好在邹忌头脑很冷静，他没有在自我陶醉中接受他人偏离实际的赞美之辞，而是通过实际的比较得出了徐公比自己美的结论，并由此悟出一番治国平天下的道理，说服了齐王开门纳谏。

在我们的周围，现代版的"智子疑邻"经常上演。比如，有的人一听到别人的夸奖就飘飘然，认为自己是天下第一有智慧、第一有本事，等等。这就是自我陶醉的情感干扰了对自己的理性认知。再例如，有的同学与别的同学发生了摩擦和纠纷，有的家长总是认为自己的孩子是好的，不会犯错，犯错的都是别的同学。这些家长就陷入了"爱子——误判"的误区，也是情感因素干扰了理性认知。

当然，反过来，认知因素也会反过来影响到人的情感。

这里有一个故事：

有个男孩子，因为某些原因失去了他最爱的和最爱他的父亲。后来，妈妈给他找了位继父。那时候，他还小，也很叛逆。不管家人怎么劝导，他总是不愿意接纳继父，总觉得继父是个坏人，总是和继父对着干，这让他的母亲很为难。他还经常躲到舅舅家和姑姑家，任他们怎么劝都不回家。但是继父从来不和他计较。不仅如此，继父还在他身上付出了很多的感情，给了他很多的关心和爱护。继父的无私和宽宏大量让他感动了。后来，他终于认识到继父对自己的爱，心里充满了感激之情，他也因此得以健康地成长。

在这个故事中，他最初总认为自己的继父是坏人，这就是情感因素影响了他的认知。而他认为继父是坏人的认知又加大了他对继父的排斥，这是认知因素对情感因素的影响。后来，继父无私的爱融化了他心中的偏见——这又是情感对认知的影响，他开始接受继父、爱继父——这又是认知对情感的影响。

在心理咨询的过程中，咨询师的一项重要工作就是消除来访者的负面情绪（如紧张、焦虑、恐惧等）对认知的干扰，同时帮助来访者建立起正确的认知以缓解这些负面情绪。

经常体察情绪对认知的干扰，并重视认知对情绪的影响，我们就找到了一把钥匙。这把钥匙，对于维护我们的心理健康非常重要，对我们事业的成功和人生的幸福也至关重要。

2《乡愁》：海峡为什么是浅浅的？

原文欣赏：

小时候／乡愁是一枚小小的邮票／我在这头／母亲在那头／长大后／乡愁是一张窄窄的船票／我在这头／新娘在那头／后来啊／乡愁是一方矮矮的坟墓／我在外头／母亲在里头／而现在／乡愁是一湾浅浅的海峡／我在这头／大陆在那头

心理解码：

余光中的《乡愁》是当代诗歌中最经典、最有影响力的一首乡愁诗，其艺术成就无须赘言。这里，我们只从心理的角度分析诗歌中的一个形容词“浅浅的”。

在分析“浅浅的”一词之前，我们先分析它前面的三个形容词——“小小的”、“窄窄的”与“矮矮的”。这三个形容词都是从写实的角度反衬乡愁之重。在这里，诗人只是实实在在地渲染——渲染“邮票”之“小”，渲染“船票”之“窄”，渲染“坟墓”之“矮”。从小处渲染的目的是为了反衬内心乡愁之重：这么小的邮票、这么窄的船票以及这么矮的坟墓，它们如何能承载我浓重的乡愁呢？

也有人认为，“矮矮的”一词表明母亲离世多年，最初修建的坟墓在岁月的打磨下逐渐变秃变矮，自己身为人子却不能适时进行拜祭、修缮。每年清明，当诗人立于海峡对岸，遥想千里之外长满蒿草的母亲坟墓时，心中除了对母亲的思念之外，还充满着“子欲养而亲不在”的酸痛与愧疚。这样理解也是很有道理的。

如果说“小小的”、“窄窄的”、“矮矮的”是诗人在强烈的情感（乡愁）冲击下渲染事物本身具有的属性的话，那么，用“浅浅的”修饰“海峡”则是诗人因为强烈的情感而改变了他对事物属性的世俗看法。在一般情况下，以世俗的眼光看台湾海峡，我们都会认为它很深很深，甚至可以夸张地说它“深不可测”。但是，当诗人将海峡和乡愁放在一起比较的时候，诗人就觉得这海峡也不过是“浅浅的”一湾了。

这里，除了将“海峡”和“乡愁”进行比较外，还存在着另一种比较：是台湾海峡太深了，让两岸同胞无法团聚吗？不是！是人为的力量在阻隔两岸的亲情。在人为的阻隔面前，这一湾海峡显得多么浅，多么不值得一提啊！

所以，这“浅浅的”一词不仅是衬托了乡愁之重，更重要的是表达了渴望祖国早日统一、结束分离之苦的强烈愿望。就是这一个普普通通的形容词“浅浅的”将这首诗的主题提升到一个更高的层次，让这首诗与一般的乡愁诗相比，多了一份对民族命运的关注，多了一份忧患意识。

另外，“浅浅的”与前面的三个形容词一起形成一种“举重若轻”的艺术境界，显示了诗人极高的艺术造诣。

3《晏子使楚》：晏子超级口才的秘诀

原文欣赏：

晏子使楚，楚人以晏子短，为小门于大门之侧而延晏子。晏子不入，曰："使狗国者从狗门入，今臣使楚，不当从此门入。"傧者更道，从大门入。见楚王。王曰："齐无人耶？使子为使。"晏子对曰："齐之临淄三百闾，张袂成阴，挥汗成雨，比肩继踵而在，何为无人？"王曰："然则何为使予？"晏子对曰："齐命使，各有所主。其贤者使使贤主，不肖者使使不肖主，婴最不肖，故宜使楚矣。"

晏子将使楚。楚王闻之，谓左右曰："晏婴，齐之习辞者也。今方来，吾欲辱之，何以也？"左右对曰："为其来也，臣请缚一人，过王而行。王曰'何为者也？'对曰'齐人也。'王曰'何坐？'曰：'坐盗。'"

晏子至，楚王赐晏子酒。酒酣，吏二缚一人诣王。王曰："缚者曷为者也？"对曰："齐人也，坐盗。"王视晏子曰："齐人固善盗乎？"晏子避席对曰："婴闻之，橘生淮南则为橘，生于淮北则为枳，叶徒相似，其实味不同。所以然者何？水土异也。今民生长于齐不盗，入楚则盗，得无楚之水土使民善盗耶？"王笑曰："圣人非所与熙也，寡人反取病焉。"

译文：

晏子出使楚国。楚国人想侮辱他。因为他身材矮小，楚国人就在城门旁边特意开了一个小门，请晏子从小门中进去。晏子说：“只有出使狗国的人，才从狗洞中进去。今天我出使的是楚国，不应该从此门中入城吧？”楚国人只好改道请晏子从大门中进去。晏子拜见楚王。楚王说：“齐国恐怕是没有人了吧？”晏子回答说：“齐国首都临淄有七千多户人家，人挨着人，肩并着肩，展开衣袖可以遮天蔽日，挥洒汗水就像天下雨一样，怎么能说齐国没有人呢？”楚王说：“既然这样，为什么派你这样一个人来作使臣呢？”晏子回答说：“齐国派遣使臣，各有各的出使对象。贤明的人就派遣他出使贤明的国君，无能的人就派遣他出使无能的国君，我是最无能的人，所以就只好出使楚国了。”

晏子又将要出使楚国。楚王听到这个消息，对手下的人说：“晏婴是齐国善于辞令的人，这次他来，我想要羞辱他，用什么办法呢？”手下的人回答说：“当他来的时候，请允许我绑一个人从大王面前走过。

大王(就)问:‘(他)是什么人?’(我就)回答说:‘(他)是齐国人。’大王(再)问:‘犯了什么罪?’(我)回答说:‘(他)犯了偷窃罪。’”

晏子(如期)来到了楚国。楚王请晏子喝酒,喝得正高兴的时候,两名公差绑着一个人来到楚王面前。楚王问道:“绑着的人是干什么的?’(公差)回答说:“(他)是齐国人,犯了偷窃罪。”楚王看着晏子问道:“齐国人本来就善于偷东西吗?”晏子离开了席位,回答道:“我听说这样一件事:橘树生长在淮河以南的地方就是橘树,生长在淮河以北的地方就是枳树,只是叶子相像罢了,果实的味道却不同。为什么会这样呢?(是因为)水土条件不相同啊!现在这个人在齐国不偷东西,一到了楚国就偷起来了。莫非楚国的水土使百姓喜欢偷东西吗?”楚王笑着说:“圣人是不能同他开玩笑的,我反而自取其辱了。”

心理解码:

晏子出使楚国,楚国人想羞辱他,就让晏子进小门。其羞辱的理论假设是:使者进的门是使者的象征。进小门的使者一定很渺小,而使者代表的国家当然就不值得一提了。晏子却针锋相对,将楚国人的假设变为:使者进的门并不是使者的象征,而是对方国家的象征。一个国家供使者进的门都是狗门一般大小,那么这个国家肯定就是狗国了。如果我晏子今天从这狗门进了,就说明楚国是狗国了。这样就反将了楚国人一军。

紧接着,楚王又嫌弃晏子素质太差,不配出使楚国,并且怀疑齐国实在找不到象样的人才出使楚国了。晏子并不和楚王争论自己是不是有才能,而是顺着楚王的话说:我是没有才能(即“不肖”)。可正因为我没有才能,所以我才出使楚国。楚王的理论假设是:使者差,象征着出使国很差。晏子这么差,肯定是齐国“无人”了。而晏子的理论假设是：使者差，象征的是被出使国很差，要不然我们齐王怎么不派优秀一点的人来楚国呢？

这样，晏子就再一次更改了对方的理论假设。

在最后一次较量中，楚王使出了狠招：绑一个在楚国犯罪的齐国人上来当着晏子的面羞辱齐国——“齐人固善盗乎？”楚王这时的理论假设是“遗传决定论思想”，也就是齐国人生下来就“善盗”。晏子马上抛出了一个针锋相对的理论假设“环境决定论思想”，也就是说，并不是齐国人“善盗”，而是你楚国的环境太差，致使这个齐国人在楚国犯了罪。为了证明自己的“环境决定论思想”，晏子还用“因水土不同而橘变为枳”的事实进行类比论证，显得有理有据。楚王也不得不佩服。

其实，根据现代科学的观点，楚王的“遗传决定论思想”和晏子的“环境决定论思想”都有道理，但都很片面。一个人成为什么样的人既有遗传的原因，也有环境的影响，还有个人的主观努力。可惜，楚王的认识不可能达到我们现代人的认识高度。要不然，楚王一定会安排一场“先天遗传比后天环境重要”对“后天环境比先天遗传重要”的辩论会。这样，楚王就不至于“反取病焉”。

三次过招，楚王都以失败告终。其失败的原因就在于楚王只能从一个角度思考问题，而没有学会从多种角度思考。这样，楚王对某一现象就只有一种解释。当晏子提出另外一种相反解释的时候，他就无从应对了。晏子则不同，他的思维是发散性的，是多角度的，是可以非常灵活地转换的。当对方看问题的角度对自己不利的时候，他可以迅速找到一个对自己有利的思维角度，并利用自己的超级口才让对方认同自己的解释，从而使自己永远立于不败之地。

三次辩论，晏子三次成功地改变对方的思维角度与理论假设。这就是晏子超级口才的秘诀。

4 愚公：移的不是山而是偏见

以前，人们大多以“人定胜天”的眼光解读“愚公移山”，认为自然是我们要征服的对象，也是一定可以征服的对象。正是这种幼稚思想让我们品尝到了环境恶化的苦果。

“人定胜天”的思想不仅幼稚，而且与《愚公移山》一文的作者——列子的道家思想背道而驰，因为道家提倡的是顺其自然，强调的是无为。

之后，人们开始用与自然和谐相处的眼光来解读“愚公移山”了。太行、王屋二山就不再是自然界的敌人了，而变成了我们心中的敌人——困难。愚公的形象就不再是“与天斗与地斗其乐无穷”的好汉了，而是“与困难斗其乐无穷”的英雄。

仅仅将愚公理解为战胜困难的典范，这显然还不能体现道家博大精深的思想。

太行、王屋二山代表的其实是我们心中的偏见——认为现在强大的就一定永远强大，认为看起来弱小的就一定是弱小的。实际上，即使是“方七百里高万仞”的太行、王屋也不会永远强大，而“寒暑易节始一反焉”的愚公全家以及孀妻之遗男并非就永远弱小。而愚公搬掉太行、王屋二山的过程其实就是搬掉心中偏见的过程。正是这种战胜偏见的精神，让“操蛇之神”也感到害怕了！

在大自然（太行、王屋二山）面前，愚公是如此渺小，而大自然（太行、王屋二山）在“神”（也可以看成是道家的“道”）面前

太行山
王屋山
愚公

又是如此渺小，但“神”在愚公没有偏见的精神面前又会感到害怕。就这样，列子通过愚公移山的故事揭示出事物之间相互循环的辨证关系，从而完美地阐释了道家的辨证思想。

所以，我们要获得精神的力量，就必须时刻注意消除自己内心的偏见。只有这样，人才能获得尊严，并实现人生的价值！

实际上，我们每个人心中都有太多的偏见等着我们去消除，而人的成长过程就是不断消除偏见的过程。

那么，究竟哪些看法属于偏见呢？

比如，有的同学认为只有考上名牌大学才是成功，或认为只要考上名牌大学就成功了。这就是偏见。当然，这种偏见的来源可能是社会，也可能是父母，但是这种偏见真正的受害者是同学们。在这种偏见面前，同学们的成长就会受到一定的限制。再比如，有些学生以为只要有钱了，人生就能幸福。可实际上，钱与幸福之间并没有必然的联系。还有的同学坚信不想当元帅的士兵不是好士兵。甚至还有更极端的观点，认为成功就是将别人踩在脚底下。其实，“不想当元帅的士兵不是好士兵”这句话是现代社会最大的偏见之一。如果大家都想当元帅，谁来安心当士兵？如果没有士兵，元帅还有什么存在的意义？理性的说法应该是“不想当英雄的士兵不是好士兵”，因为英雄不是职务，而是一种人生境界。一般来说，我们追求的应该是一种人生境界，而不是某种固定的职务。职务是可以根据生活环境的不同而变化的，而做人的境界是不变的。至于认为“成功就是将别人踩在脚底下”，只看到人与人竞争的一面，而看不到友好合作的一面，更是极其错误的。

我们要消除偏见，就必须学会独立思考问题，不人云亦云，同时还要避免先入为主的观念的干扰。

第四章

心理防御机制

1《我的叔叔于勒》中有哪些心理防御机制？

《我的叔叔于勒》选自莫泊桑的短篇小说集《羊脂球》。描写的是法国西北部哈佛尔海港达佛朗司家的一个故事。这一家有兄弟两个，哥哥叫菲利普，是个小职员，弟弟叫于勒，年轻的时候是个浪荡子。于勒把自己所得的遗产花光了，又花了哥哥一些钱，因而被家里人看不起，甚至被看成是全家的“恐怖”。后来，他被送到美洲去碰运气。于勒在美洲做生意赚了钱发了财，打算回法国跟哥哥同住。这时候，哥哥、嫂子都把于勒看成是全家的“希望”和“福音”，天天盼星星、盼月亮似地盼着他回来。菲利普夫妇26岁了还嫁不出去的二女儿，也借着于勒发财的消息找到对象，马上要结婚。菲利普夫妇带着将要结婚的女儿、女婿及全家人坐船到附近一个英属小岛——哲尔赛岛去旅行，在船上无意中发现了于勒。他们从旁打听，才知道他在美洲阔了一阵之后重又潦倒落魄下来，沦落成一个穷光蛋，后来被这艘船的法国船长带回来，在船上靠摆摊卖牡蛎过日子，跟讨饭差不多。哥哥、嫂子顿时大为惊慌，生怕被这个倒霉的弟弟发现，在新女婿面前出丑，更怕他再回家投靠他们。全家人的“希望”破灭了，于勒又成为了他们的“恐怖”。他们急急忙忙躲开这日夜盼望的“福音”，带着幻灭沮丧的心情回到了家。

我们在这里暂且不分析小说中的人物形象及其社会意义，只分析小说中涉及的一些心理防御机制。

什么是心理防御机制呢？

心理防御机制是指人在面临挫折或冲突的紧张情境时，在内心具有的自觉或不自觉地摆脱烦恼，减轻不安，以恢复心理平衡与稳定的一种适应性倾向。心理防御机制的积极意义在于能够使人在遭受困难与挫折后减轻或免除精神压力，恢复心理平衡，激发人的主观能动性，激励人以顽强的毅力克服困难，战胜挫折；消极意义在于使人可能因压力的缓解而自足，或出现退缩甚至恐惧而导致心理疾病。

心理防御机制的种类很多，《我的叔叔于勒》中涉及以下三种心理防御机制：

理想化

在理想化过程中，当事人往往对某些人或某些事物作出过高的评价。这种高估的态度，很容易将事实的真相扭曲和美化，以至于脱离了现实。例如，方老师常常在朋友面前称赞自己的女朋友如何貌若天仙，以至于大家都渴望早日见到他的女朋友。后来，大伙儿一同去旅行时，方老师手牵着一位又矮又瘦、相貌极为平凡的女孩儿出现了。当他热情地向众人介绍她就是自己的女朋友时，每个人都失望了。在这件事中，方老师是将自己的女朋友理想化了。

在《我的叔叔于勒》的开头，菲利普夫妇反复赞美于勒：好心的于勒，有办法的于勒，是正直的、有良心的人。其实谁都清楚于勒是个什么人。但是因为菲利普夫妇对于勒的期望太高了，所以就在无形中将于勒理想化，以避免因害怕期望无法实现而出现的焦虑情绪。当然，在对于勒进行理想化的过程中，菲利普夫妇还存在着压抑的心理防御机制。

压抑

压抑也是各种防御机制中最基本的方法。此机制是指个体将一些自我所不能接受或具有威胁性、痛苦的经验及冲动，在不知不觉中从

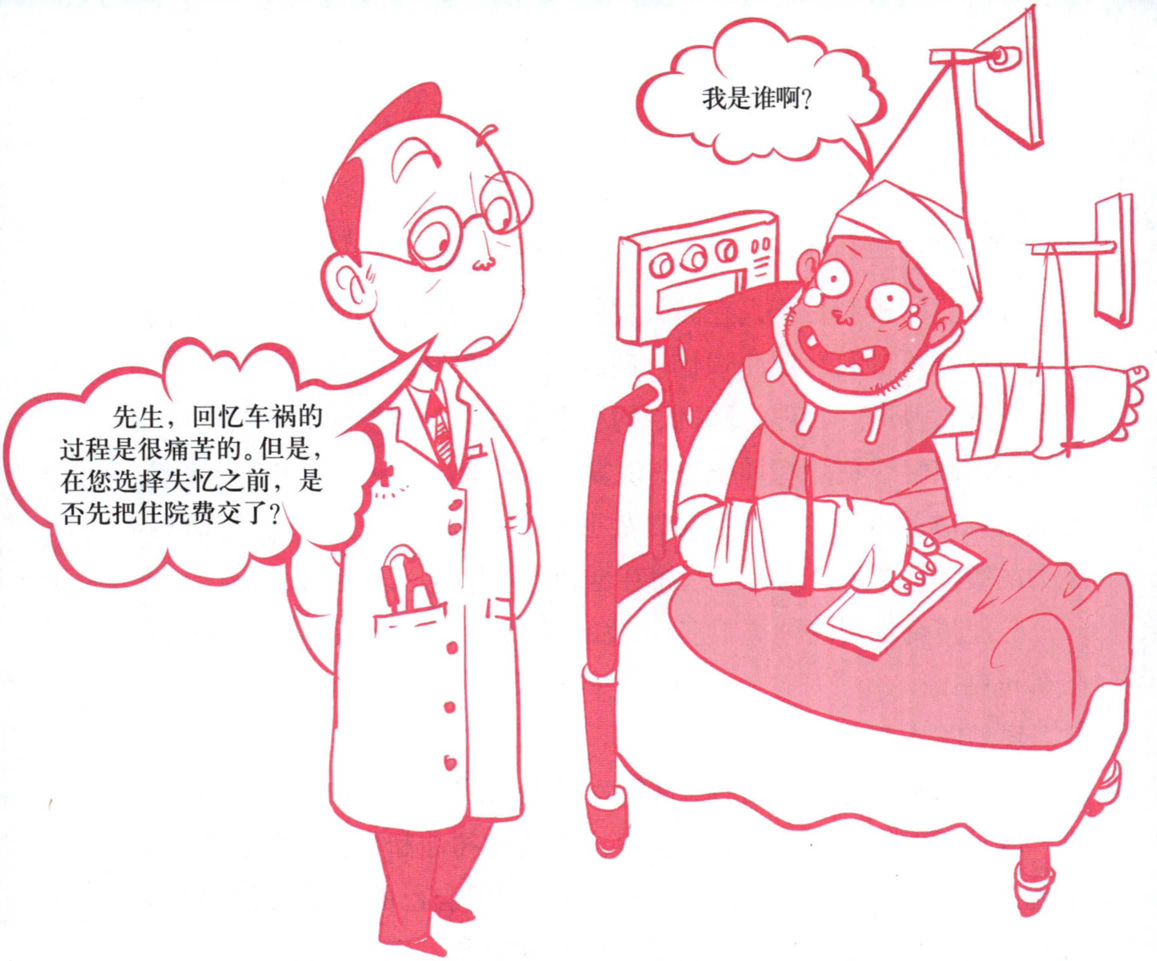

个体的意识中排除抑制到潜意识里去，是一种“动机性的遗忘”。压抑作用，从表面上看，已经把事情忘记了，而事实上它仍然在我们的潜意识中，在某些时候影响我们的行为，以至于在日常生活中，我们可能做出一些连自己也不明白的事情。例如，一些曾遭受或目睹惊恐事件的人，会把那次经历忘得一干二净，无法再回想起来。比如战场上的士兵、从火里逃生的人、失恋的人……在事件过后，有的会以失去记忆避免面对的痛苦与悲伤。

作为心理防御机制的压抑不是我们平时所说的压抑。我们平时所说的压抑主要是指情感上的自我控制，而防御机制的压抑则是一种动机性的遗忘，只不过遗忘的内容还可能重新被回忆起来。比如鲁迅写《为了忘却的纪念》就是希望自己遗忘那些痛苦的记忆，也就是希望将自己的痛苦记忆压抑到潜意识中。可惜，鲁迅太清醒了，他无法压抑自己以产生遗忘，所以，只有写文章纪念烈士以宣泄心中的悲愤了。

而《我的叔叔于勒》中的菲利普夫妇反复地说“好心的于勒，有办法的于勒”则是他们在不知不觉中将于勒败家的经历压抑到潜意识中的结果。

否定

否定是一种比较原始而简单的防御机制，主要表现是：为逃避心理上的痛苦，否定不愉快的事件，当作根本没有发生过，以此来获取暂时的安慰。否定与压抑极为相似，它们的区别在于：否定不是有目的地忘却，而是把不愉快的事情加以否定。

这种现象在日常生活中处处可见，譬如，小孩子闯了祸，用双手把眼睛蒙起来，就像沙漠中的鸵鸟，敌人追赶逼迫到眼前，无法面对，把头埋于沙堆中，当作没这回事，都是一种否定的表现。又如某同学没有考取自己梦寐以求的大学，母亲知道了，担心他想不开，就来安慰他，他却说：“其实，那所大学并不好，离家又远……”这个同学就是在用否定的防御方法来逃避现实的痛苦。

许多人面对绝症或亲人的死亡，常会本能地说“这不是真的”，用否定的方式来逃避巨大的伤痛。其他如“眼不见为净”、“掩耳盗铃”，都属于否定的心理防御。

在《我的叔叔于勒》中，当“父亲”告诉“母亲”，那个卖牡蛎的人很像于勒时，“母亲”也害怕起来，吞吞吐吐地说：“你疯了！既然你知道不是他，为什么要这样胡说八道？”这是“母亲”在用否定的方式逃避于勒变成穷光蛋将给她带来的痛苦。不过，她的这种否定心理十分短暂。出于现实的考虑，她不得不迅速抛弃否定心理以避免于勒再来投靠他们。

2 司马迁与《史记》：升华是最好的心理防御机制

“升华”一词是弗洛伊德最早使用的。他认为，将一些本能的欲望（如食欲、性欲、攻击欲）置换到具有较少本能色彩、社会所能接受的行为和对象上，就是升华。例如，有打人冲动的人借训练拳击或摔跤等方式来满足，有骂人冲动的人以写时评文章来满足自己，喜欢美食的人以做厨师来满足自己等。

心理学家认为，升华是最积极、最富有建设性的心理防御机制。升华在人格的发展中发挥着相当重要的作用。尤其是在人生遭受重大挫折的时候，升华的作用就更为关键。西汉史学家、文学家司马迁创作《史记》的故事就充分验证了这一点。

司马迁仅仅为李陵辩解几句，就遭受到极其惨烈的刑法——宫刑。对一个男人来说，这是最为狠毒的刑法，比死刑更加残酷。古语云：“士可杀而不可辱。”清高的他却要遭受如此侮辱，其内心的痛苦煎熬是可想而知的。但司马迁并没有消极沉沦，而是选择了将自己满腔的悲愤升华到完成一部“究天人之际，通古今之变，成一家之言”的史学巨著的创作中。他的选择和幽愤在他的《报任安书》中表达得十分清晰。他说：“人固有一死，死有重于泰山，或轻于鸿毛，用之所趋异也。”——这是他决心抛弃生死之忧去追寻生命真正的意义的写照。接着，他列举了很多身处逆境却自强不息的伟人，这给了司马迁很大的启示和鼓舞。“盖西伯拘而演《周易》；仲尼厄而作《春秋》；屈原放逐，乃赋《离骚》；左丘失明，厥有《国语》；孙子膑脚，《兵法》修列；不韦迁蜀，世传《吕览》；韩非囚秦，《说难》、《孤愤》。《诗》三百篇，大氐贤圣发愤之所为作也。此人皆意有所郁结，不得通其道，故述往事，思来者。及如左丘明无目，孙子断足，终不可用，退论书策以舒其愤，思垂空文以自见。”司马迁提到的这些人都是通过写作的方式成功升华了自己生命本能的人。

这里还要指出的是，司马迁的升华机制并不是从他受宫刑后才产生的。事实上，创作《史记》是司马迁及其父亲司马谈两辈人的宏愿。司马迁从青年时就开始投入这项事业中，并为这项事业做了大量的准备工作。也就是说，升华的机制早就存在于司马迁的心中。受宫刑事件不过使这种升华机制表现得更为强烈而已。

弗洛伊德之女——安娜·弗洛伊德将心理防御机制分成 10 种类型。她认为，其中 9 种防御机制常见于神经质的成人与正常的儿童，唯升华不管在成人或儿童，都是正常健康的。由此可见，升华的心理防御机制对于维护我们的心理健康非常重要。

同学们，当你在生活中遇到挫折或感到苦闷的时候，你会不会使用升华的方式来面对呢？

要学会使用升华的应对方式，你首先必须学会适当地忍耐。比如，你想骂人了，你必须要忍一忍。在忍耐的同时，你才能

恐

找到合适的升华方式——如对社会上一些不合理的乃至丑恶的现象进行批判等。再比如，你想打人了，也要忍一忍，可以通过诸如拳击、踢足球之类的体育活动予以升华。

其次，你还需要培养一些对社会有益的兴趣爱好。比如，体育爱好、艺术爱好、参与社会活动的爱好、探索自然与社会奥秘的兴趣，等等。如果你没有一些持久的、高雅的兴趣爱好，就算你想将欲望升华，也找不到升华的方向。

3 吾非鱼，也知鱼之乐
——庄子的心理投射

原文欣赏：

庄子与惠子游于濠梁之上。庄子曰：“鯈鱼出游从容，是鱼之乐也。”惠子曰：“子非鱼，安知鱼之乐？”庄子曰：“子非我，安知我不知鱼之乐？”惠子曰：“我非子，固不知子矣；子固非鱼也，子之不知鱼之乐，全矣。”庄子曰：“请循其本。子曰‘汝安知鱼乐’云者，既已知吾知之而问我，我知之濠上也。”

译文：

庄子和惠子一道在濠水的桥上游玩。庄子说：“鯈鱼在河水中游得多么悠闲自得，这是鱼儿的快乐呀！”惠子说：“你不是鱼，怎么知道鱼的快乐？”庄子说：“你不是我，你怎么知道我不知道鱼儿的快乐？”惠子说：“我不是你，当然不知道你的想法；你不是鱼，你不知道鱼的快乐是可以肯定的。”庄子说：“请从我们最初的话题说起。你说的‘你怎么知道鱼的快乐’这句话，说明你已经知道了我知道鱼的快乐还在问我，我是在濠水的桥上知道鱼是快乐的。”

在这个故事中，庄子是通过“偷换概念”的方法把惠子说的“安知”解释成了“哪里知道”或“怎么知道”，而惠子的本意却是“怎么(能)知道”。虽然最后的结果是惠子无话可说，似乎庄子赢了，但是，庄子存在狡辩之嫌。所以，也有人认为，在这场辩论中，其实是庄子输了，惠子才是赢家。

从逻辑上讲，惠子是赢家，但是，从美学意义上讲，庄子也是有道理的。

惠子是名家，喜欢辩论“名”（概念）和“实”（事）的关系，有寻根究底的思辨精神；而庄子追求的是“天地与我并生，而万物与我为一”(《庄子·齐物论》)，也就是追求和万物平等共生、与外界契合无间的人生境界，主要从美学的角度关照事物。所以，庄子和惠子认识事物的方式是截然不同的，得出的结论自然也就不会相同了。庄子认为鱼“乐”，只是他愉悦心境的投射而已，和惠子的思辨是没有关系的。

不过，这里要指出的是，庄子的“心理投射”并不是因紧张、焦虑和痛苦而起，也不是为了缓解焦虑，因此，并不属于心理防御机制，而是属于一种普通的心理现象。这是同学们需要加以区分的。

4 花为何溅泪？鸟为何惊心？

同学们大多学过了杜甫的诗歌《春望》：国破山河在，城春草木深。感时花溅泪，恨别鸟惊心。烽火连三月，家书抵万金。白头搔更短，浑欲不胜簪。这里我们就不分析这首诗的含义了，而是直接从心理学的角度分析其中的一个千古名句“感时花溅泪，恨别鸟惊心”的含义。

“感时花溅泪，恨别鸟惊心”这句诗历来就有两种解释：

一种是用投射的心理防御机制来解释。

投射又称外射，是凭主观想法去推测外界的事实，把能引起焦虑的欲望、想法、态度或自身的一些特征投射到他人（或他物）身上，以减轻焦虑的一种心理防御机制。比如，一个恐惧的人总会认为他人怀有敌意，令人担忧；一个吝啬的人总会认为周围的人太吝啬；一个郁闷的人就会认为周围的人也不开心——即使开心也是假开心；因为我（杜甫）在悲伤流泪，所以，我看见花上的露珠，就觉得花儿也在流泪；因为我（杜甫）在为亲人痛苦焦虑，所以，我听见鸟儿的叫声，就以为鸟儿也和我一样痛苦不安。这些投射心理都能在一定程度上减轻当事人内心的焦虑。

投射心理有利也有弊。它虽然能在一定程度上减轻我们的焦虑，但是，在投射心理的影响下，我们常常将人际冲突的责任推向对方，非常不利于人际关系的改善。

中学生的心理还不成熟，出现投射心理极为普遍。出现投射心理不是问题，问题是你能不能及时识别这种投射心理。如果你能及时识别这种投射心理，你的心理就会越来越健康，人际关系就会越来越和谐，生活就会越来越快乐；如果你不能及时识别自己的投射心理，甚至根本就不去识别它，你的心理健康就会面临威胁，人际关系也难以和谐。

比如，有个同学因为新换的老师不像以前的老师那样看重他，就对老师有了情绪，就看老师很不顺眼。而当他看老师不顺眼的时候，就感觉老师看他也很不顺眼，总觉得老师喜欢在课堂上找他的茬。他对这位老师就更看不顺眼了。这就是典型的投射心理。其言外之意是：不是我不喜欢这位老师，而是这位老师不喜欢我。这一切都不能怪我！只能怪这位老师！这样就把责任全推到了老师这一方面。如果这个同学能及时识别自己的投射心理，并主动去改善师生关系，他和老师的关系就不会那么紧张了。

我们要学会识别自己的投射心理，除了要经常反省自己，要善于“兼听”（即“兼听则明”）之外，还要提高自己的人际交往能力。人际交往不仅能帮你识别自己的一些特征，而且能帮助你理解他人，识别他人的一些特征。当你能将自己的一些心理特征与别人的心理特征进行有效分辨的时候，你就能及时走出投射心理了。

下面，我们再来说这句诗的另一种解释——“以乐写哀”。因为对国家命运深深的担忧，平时让我感到赏心悦目的鲜花，此时却让我痛苦万分，以至于流下了痛苦的眼泪；因为和亲人分离的悲伤太深，所以，连清脆悦耳的鸟声也让我感到惊恐和焦虑，以至于害怕听到这鸟的叫声了。

为什么美好的、快乐的事物在极度悲伤的情绪下会变得让人难以承受？这是什么心理现象？也就是说，人们在极度悲伤的情绪下，为什么不能见到那些美好的、快乐的事物呢？

在适度的负面情绪下（比如程度比较轻微的悲伤），我们听到了清脆的鸟声，看见了美丽的鲜花，我们的悲伤情绪大多会得到一定程度的缓解，甚至会完全消失。但是，如果负面情绪太强烈（比如极度的悲伤），美好的、快乐的事物则不仅无法缓解负面情绪，甚至会加重负面情绪。这是因为过度悲伤的情绪很难接受快乐的情绪，更别说一下子就转变为快乐的情绪了。这样，外界美好的、快乐的事物就与人内心的体验发生了冲突，让人感到更加痛苦和难受了。这是从情绪的角度进行的解释。从认知的角度进行解读，极度悲伤的人在面对外界美好的、快乐的事物时很容易产生这样一种观念，认为快乐是属于别人的，甚至是属于鸟儿的，属于花儿的，唯独不属于自己。这样的认知就在无形中增加了悲伤的情绪。

“以乐写哀”手法在文艺作品（特别是影视作品）中被广泛使用，且具有相当强烈的冲击力。以电影为例，当观众都沉浸在极度悲伤的氛围之中时，导演马上使用蒙太奇手法，将一段快乐的场景穿插在悲伤的画面中。

第五章

对成语的心理学解读

1 杯弓蛇影：暗示心理在作怪

“杯弓蛇影”出自《晋书·乐广传》，说的是有个叫乐广的人，一次请客吃饭，挂在墙上的弓映在酒杯里，有个客人以为是蛇，回家之后就得了病。乐广知道后，又把那位客人请来，在相同的地点请他吃饭喝酒，并故意向他提示：墙上挂着一长弓，杯子里的蛇不过是弓的影子。这个客人明白了事情真相，病就马上痊愈了。这个故事说的就是一种心理暗示。客人受到不良心理暗示——暗示自己把蛇喝进肚子里了，并在心里扎下了根，以至于形成了心病。不过，这个暗示不是别人给的，而是自己的错觉给的。

关于心理暗示的神奇之处，我们还可以找到许多佐证：

在华沙，一群儿童在嬉戏，一个吉普赛女巫托起一个小姑娘的手，仔细看了看说：“你将会闻名世界！”后来“预言”应验了。这个小姑娘就是居里夫人。

一位工人下班后，被锁在冷库里，第二天被人发现时已经冻死了，而令人惊奇的是，那天根本就没有通电，冷库里只是常温！

其实，世上并没有什么准确的预言，是女巫给了居里夫人一种成功的信念；那位工人则是自己害死了自己，望着被关死的铁门，心想："完了，这里零下几十摄氏度，我肯定要被冻死了！"这就是心理暗示，它能引导人走向成功，也能致人死亡。

心理暗示可以分为他人暗示与自我暗示。自我暗示是指自己接受某种观念，对自己的心理施加影响，从而改变情绪与意志的过程。积极的自我暗示可以调理自己的心境、感情、爱好、意志乃至提高工作能力，起到非常积极的作用。比如，面临紧张的考场，反复告诫自己"沉着、沉着"；在荣誉面前，自敲警钟"谦虚、谦虚"；在遭遇挫折时，安慰自己要看到光明，要提高勇气，等等。

下面向同学们介绍几种常见的应对考试的积极自我暗示方法：

音乐暗示法：音乐暗示是心理暗示与放松练习中最常见的一种。优美动人的音乐，通过听觉器官作用于大脑皮层，给神经系统一个良好的刺激。它能够使你情绪振奋，引起轻松、愉快和舒适的感觉，并使大脑的功能得到改善和加强。

对于考生来讲，只要某一首乐曲可令你舒缓焦虑、激昂斗志，那么，这首乐曲就可以成为你的首选暗示音乐。

语言暗示法：语言暗示也是心理暗示常用的方法。心理学研究表明，语言的暗示作用可极大地激发人的潜能。特别是在催眠状态下，人的思维活动可以完全受语言暗示的支配。事实上，人类自从有了语言以来，就一直受其暗示作用的影响。

运用语言进行积极的自我暗示，可以采取如下的办法：

经常从正面肯定自己。如肯定自己是聪明的、坚强的、勇敢的、

不怕失败的、能承受挫折的，等等。

把自己负面的感受正常化。我们经常会遇到这样一种情况：每当参加比较大型的考试时，我们通常会很紧张，有人甚至会不停出汗。这时，我们不妨做一下深呼吸，然后对自己说："我现在很紧张，我在发抖，我在出汗，但这很正常。每个看重这次考试的同学都会紧张的。别在意，紧张会自然消失的！"这样暗示自己，就会感到轻松许多。

提醒自己不要关注负面结果，不要夸大困难。考试时，一般不要这样想："我上次考试就没有答完卷子。""最后的一道大题一般都很难。"越这样想，我们就越容易紧张。过分的紧张则会使我们手足无措，无法发挥出正常的水平。我们不要总用失败的教训来警醒自己，而是要积极地鼓励提醒自己。比如，"只要掌握好时间就没有问题"，"最后这道题只是需要运用的知识多一点，其实并不难"，等等，尽量给自己一些积极的引导。

考试中遇到了挫折，可以运用优势比较法，想一想那些比自己受挫更大、困难更多、处境更差的人，从而将自己的失控情绪逐步转化为平心静气。除了和别人进行比较外，还可以寻找自己没有受挫感的方面，即找出自己的优势点，强化优势感，从而增强抗挫折的能力。

食物暗示法：就是通过食用某种特定的食物或饮用某种特定的饮料来起到愉悦情绪、调适心情的作用。比如，香蕉可以缓解焦虑，我们就可以在考试前吃一根香蕉，并暗示自己：我的焦虑已经得到缓解了，可以轻松上阵了。

服装暗示法：考试前，穿自己特别喜欢的服装，同样会起到愉悦身心、增加自信的作用。

2 杞人忧天：焦虑情绪的体现

原文欣赏：

成语“杞人忧天”出自《列子·天瑞》。原文是这样的：

杞国有人忧天地崩坠，身亡所寄，废寝食者。又有忧彼之所忧者，因往晓之，曰：“天，积气耳，亡处亡气，若屈伸呼吸，终日在天中行止，奈何忧崩坠乎？”其人曰：“天果积气，日月星宿，不当坠邪？”晓之者曰：“日月星宿，亦积气中之有光耀者，只使坠，亦不能有所中伤。”其人曰：“奈地坏何？”晓者曰：“地，积块耳，充塞四虚，亡处亡块，若躇步跐蹈，终日在地上行止，奈何忧其坏？”其人舍然大喜。晓之者亦舍然大喜。

译文：

杞国有个人，整天担心天塌地陷，自己没有安身的地方，愁得吃不下睡不着。又有个人替他担忧，因此去劝慰他说：“天只不过是积聚起来的气体，无处不充满气，你整天在气里呼吸活动，为什么担心天会塌下来呢？”那个人说：“天如果真的是气积聚起来的，日月星辰不是要掉下来了？”开导他的人说：“日月星辰，也是积气而成，它们能发出耀眼的光亮，即使它们掉下来，也不会伤害人。”那人又说：“地塌下去怎么办？”开导他的人说：“地是由大土块积成，土填满了四方，无处不有，你每天在土地上活动，为什么还担心它崩陷呢？”杞人听了这些话如释重负，开心地笑了。开导他的人也放心地笑了。

后来的人就根据上面这个故事，引申出“杞人忧天”这个成语，其意在于提醒人们不要为一些不切实际的事情而忧愁。它与“庸人自扰”的意义大致相同。

从心理学的角度理解，杞人忧天其实就是焦虑情绪的表现。如果严重到一定的程度（比如焦虑情绪持续达半年以上），则可能是焦虑症或其他心理疾病，需要进行心理治疗了。

同学们中间也常常会有一些杞人忧天式的焦虑发生。比如，有的同学总是莫名其妙地担心自己在异性同学面前说错话；有的同学总担心别人在学习成绩上超过自己，以至于每天上课都要盯住自己的竞争对手；有的同学总担心自己会生病，担心自己的亲人会生病，等等。

特别是每年四五月，这个中考与高考的最后冲刺阶段，初三、高三的同学更容易出现紧张和焦虑的心理。一般性的紧张焦虑大多表现为烦躁不安、注意力不集中；程度重一些的紧张焦虑则表现为感到身体不适，比如头疼、浑身无力、频繁地上厕所、难以入睡等。

研究发现，考试焦虑一般有如下几种类型：

1. 负疚自责型

小梅是从乡镇来到市重点中学读书的。在这所高手如云的学校，她付出了极大的努力，但是成绩一直在中下等。她一直深感不安，觉得对不起爸爸妈妈，觉得自己浪费了爸爸妈妈的血汗钱。临近高考，她的这种自责感就更强烈了，以至于出现了头疼、睡不着觉的症状。

处方：找心理老师和班主任谈心，消除自责，因为她的自责是完全没有必要的，是完全可以消除的。爸爸妈妈的付出是出自一片爱子

之心，是不需要什么回报，也不加任何条件的。

2．羞涩自卑型

小敏一直以来都为自己的相貌而自卑，而最近的几次摸底考试频频失利更加重了她的自卑心理。她现在甚至都不敢听到“高考”两个字了。

处方：找到自卑根源，消除自卑建立信心。也许你自卑的地方正是你的优势呢！

3．自视过高型

小强给自己定的目标是非清华大学不上。而要保证这个目标的实现，他就不允许自己考试失利。可结果总是失利。

处方：客观评价自我，将过高的目标降下来，往往可以消除焦虑并获得成功。

4．逆反对抗型

小显在家里和爸爸妈妈不合，在学校和老师起冲突，学习常常受到干扰。在这种状态下，一提到高考，小显就烦躁，不知道该如何去面对。

处方：面临高考的学生要学会和父母、老师沟通。沟通的过程就是消除高考焦虑的过程。

5．寻求表现型

小腾是几代单传的孩子。家人从小对他是百般呵护，并把家族所有的希望都寄托在了他的身上。他自己也总想表现一番，给爸爸妈妈挣个面子。但结果是，越想挣面子就越紧张，几次摸底考试结果都不理想。

处方：别总想通过考试让别人对自己刮目相看，不要太功利化，用平常心对待考试才能消除焦虑。

6．考试慌恐型

还没有进入真正的高考，但小倩已经无数次想象过考试失败后的痛苦了。也就是说，她还没有参加高考就已经开始在想象中体验失败了。在这样的心理状况下参加高考，再优秀的学生也会失败的。

处方：多想一想考试结束之后彻底放松的情景，或者尝试着让自己接受一个自己所认为的最坏的结果。当你接受这个结果之后，你会发现这个所谓的最坏的结果其实并不坏。

3 惊弓之鸟：过分的恐惧可以毁灭自身

情绪具有适应功能，也就是说，一切情绪都是能够帮助我们适应周围环境（特别是人际环境）的，所以，无论什么情绪都是有用处的，有意义的。

任何情绪，不管是正面的情绪，如高兴、愉悦，还是负面的情绪，如痛苦、焦虑，都是对人有益的，但是，任何情绪都不能走极端。任何情绪超过一定的度，都会反过来危害我们的身心健康，从而诱发各种身心疾病。

比如，恐惧情绪本是为了避免受到外界伤害，但过度的恐惧会对我们的心理和生理健康造成威胁。在特殊的背景下，恐惧情绪甚至会毁掉我们的生命。成语“惊弓之鸟”讲的就是这个道理。

“惊弓之鸟”出自《战国策·楚策》：异日者，更羸与魏王处京台之下，仰见飞鸟，更羸谓魏王曰：“臣为王引弓虚发而鸟下。”魏王曰：“然则射可至此乎？”更羸曰：“可。”有间，雁从东方来，更羸以虚发而下之。魏王曰：“然则射可至此乎？”更羸曰：“此孽也。”王曰：“先生何以知之？”对曰：“其飞徐而鸣悲。飞徐者，故疮痛也，鸣悲者，久失群也。故疮未息而惊心未去也。闻弦音，引而高飞，故疮陨也。”

上面文言文的意思是：从前，有一位名叫更羸的人，他是一位有名的神箭手。有一天，他与魏王在高大的台下交谈。忽然，一只飞鸟从头上飞过。更羸对魏王说：“我为大王表演一个拉弓虚射就能使鸟掉下来的技能。”魏王摇头笑笑说：“射箭技术可以达到这么高的水平吗？”更说：“能。”过了没有多久，一只孤雁从东方徐徐飞来，更羸摆好姿式，拉满弓弦，虚射一箭，雁应声而落。魏王简直不相信自己的眼睛，惊叹道："箭术难道真的可以达到这种地步？"更赢放下弓解释说："这是一只有伤的雁！"魏王更纳闷了："大雁在天空中飞，先生怎么知道它有伤？"更赢回答说："它飞得慢，是因为旧伤疼痛；鸣声凄厉，是因为长久失群。原来的伤口没有愈合，惊恐的心理还没有消除，一听到弦声，就猛一下子扇动翅膀往高处飞，不幸牵动了伤口，疼得使它跌落了下来。"

实际上，在更赢没有拉弓之前，这只飞鸟的恐惧心理已经快接近极限了。大雁是群居的动物，是很难单独生存的。离开群体，本已让这只大雁内心充满了恐惧。而它身上还有伤口没痊愈，飞得很慢。这就让它失去了追上雁群的可能，让它在恐惧中多了一份绝望。它凄厉的鸣叫，就是内心极度恐惧和绝望的表现。有了这种极度的恐惧和绝望，即使没有更赢拉弓，它也会慢慢地气尽衰竭而亡。更赢拉弓不过是加速了它的死亡而已。

所以，我们完全可以说，这只鸟是因极度的恐惧而亡。

我们人类也有因极度的恐惧而亡的例子。比如，有人被医生误诊为癌症，其实他并没有癌症，只是普通的肿瘤而已。由于对癌症和死亡的过分恐惧，他最终死于真正的癌症。也就是说，对癌症的极度恐惧可以让没有癌症的人患上癌症。当然也有相反的例子。有人真得了癌症，并且被告知活不过半年了。但这人并不把癌症和死亡放在心里，而是更为放松地享受生活。这人的癌症后来竟然消失了。

过分的恐惧不好，那么过分的开心好不好呢？当然也不好。范进发疯不就是因为过分高兴吗？另外，民间有"气死兀术，笑死牛皋"的说法，说的是宋朝大将牛皋抓住了老对手金兀术后，因为高兴大笑而亡的故事，而金兀术也因羞愧而死。虽然这种说法并不符合历史事实，但是，故事情节的安排还是非常符合现代心理学理论的。

所以，我们一定要经常提醒自己，快乐和痛苦都不能过分。特别是当你沉浸在狂欢中的时候，一定要及时告诉自己适可而止。

4 欺软怕硬：源于内心脆弱

明朝高明的《琵琶记·五娘请粮被抢》中写道：“点催首放富差贫，保上户欺软怕硬。”这是成语“欺软怕硬”的最早出处。实际上，欺软怕硬的现象是自古就普遍存在的，无论哪个年代、哪个国家都有。那么，人为什么会欺软怕硬呢？

从适者生存的角度来说，欺软怕硬有利于个体的生存竞争，个体可以最大限度地保存自己，获得更多的生存机会。

但是，人类社会早已经脱离了简单的生存竞争法则，而进入了在合作中竞争的时代，欺软怕硬往往会破坏我们与他人合作的基础，使自己成为孤家寡人。比如，有的同学对班上很强势的同学俯首贴耳，而对那些弱势的同学颐指气使。结果是，同学们都觉得这个人没骨气，没同情心，不值得交往。他因此无法从同学那里得到真正的友情，也就失去了最宝贵的成长动力。

再者，现代社会并没有永远的强者，也没有永远的弱者。你今天欺负了这个弱者，不久，他就可能变成强者。这时，你就要为当初的行为付出代价了。

所以，对一个文明的现代人来说，欺软怕硬并不是一种聪明的做法，而是一种有问题的方式。

那么，中学生朋友出现欺软怕硬现象的根源是什么呢？

主要根源是内心的脆弱。

因为脆弱，没有自信，你必须依附于强者，给自己一点安全感；因为脆弱，没有自信，你必须在弱者面前显示自己的强大，给自己一点虚幻的安慰。

而内心真正强大的人，往往是同情弱者而不屈服于强者的。《水浒传·鲁智深拳打镇关西》中的鲁智深就是这样一个内心真正强大、充满了正义感的人。

最后，值得说明的是，现在，人们对“欺软怕硬”一词有滥用的倾向。有时，在人际互动中，正常的心理较量也被人说成了欺软怕硬。比如，有的老师上课管不住学生，教室乱哄哄的，老师怎么批评学生，怎么讲狠话学生都不听。而换一个老师上课，学生立刻就听话了。因此，老师们就会说：现在的学生真是欺软怕硬。其实，这不是学生欺软怕硬，而是老师和学生进行人际互动的时候，缺乏必要的艺术和技巧，以至于在和学生的交往中处在了劣势地位。

所以，我们在埋怨别人欺软怕硬的时候，还要反思一下，自己是不是也太“软”了？

5 爱屋及乌：晕轮效应

成语“爱屋及乌”出自《尚书大传·大战》：“爱人者，兼其屋上之乌。”因为爱一处房子，所以，也爱那房顶上的乌鸦。比喻爱一个人而连带地关爱与他有关系的人或物。这个成语所说的道理非常符合心理学上的晕轮效应。

晕轮效应指的是，人们的认知和判断往往只从局部出发，扩散而得出整体印象，也就是我们常说的以偏概全。一个人如果被标明是好的，他就会被一种积极的、肯定的光环所笼罩，并被赋予许多好的评价；一个人如果被标明是坏的，他就会被一种消极的、否定的光环所笼罩，被认为具有各种坏品质。这就好像刮风天气的前夜月亮周围出现的圆环（月晕），远远看去，月亮似乎扩大了许多。据此，心理学家为这一心理现象起了一个形象的名称——晕轮效应，也称作光环作用。

心理学家戴恩做过这样一个实验：他让被测试者看一些照片，照片上的人有的形象很好，有的形象不佳，有的则是形象中等，然后让被测试者在与形象无关的方面评价这些人。结果表明，被测试者对形象很好的人比对形象不佳的人赋予更多理想的人格特征，例如，和蔼、沉着、好交际等。晕轮效应不但常表现在以貌取人、以服装定地位与性格上，还表现在以初次言谈定人的才能与品德等方面。在对不太熟悉的人进行评价时，这种效应体现得尤其明显。最能说明晕轮效应的例子，就是当我们看到某个明星在媒体上爆出一些丑闻时总是很惊讶，而事实上我们心中对这个明星的形象根本就是他在银幕或媒体上展现给我们的那圈“月晕”，其真实的形象我们是不得而知的。

从认知角度讲，晕轮效应仅仅抓住事物的个别特征，并据此对事物的其他或全部特征下结论，因而，在人际交往中，我们应该经常告诫自己不要陷入晕轮效应的误区。

在教育领域，晕轮效应也是很常见的。比如，某个成绩拔尖的学生，个人素质并不高，道德修养甚至还不如其他的同学，然而有的老师仅仅从成绩这一点出发，就判断该学生是最优秀的学生，就算他迟到、早退、欺负同学等也加以原谅。而其他成绩差的学生犯了同样的错误就要进行处罚。这种“一美遮百丑”的现象，其实就是晕轮效应的体现。老师在教育学生时，一定要尽可能避免晕轮效应的出现，要公正客观地对待学生。不过，学生也要理解老师偶尔出现的晕轮效应，因为我们每个人都不可能完全避免晕轮效应。

不过，有时候晕轮效应也会对人际关系产生积极效应，比如，你对人诚恳，那么，即便你能力较差，别人也会非常信任你，因为对方已经把你的优秀品质放大了。

6 掩耳盗铃：否定心理

掩耳盗铃出自《吕氏春秋·自知》："范氏之亡也，百姓有得钟者，欲负而走，则钟大不可负。以椎毁之，钟况然有音。恐人闻之而夺己也，遽掩其耳。"

春秋时候，晋国贵族智伯灭掉了范氏。有小偷趁机跑到范氏家里想偷点东西，看见院子里吊着一口大钟。钟是用上等青铜铸成的，造型和图案都很精美。小偷心里高兴极了，想把这口精美的大钟背回自己家去。可是钟又大又重，怎么也挪不动。他想来想去，只有一个办法，那就是把钟敲碎，然后再分别搬回家。

小偷找来一把大锤子，拼命朝钟砸去，咣的一声巨响，把他吓了一大跳。小偷着慌，心想这下糟了，这钟声不就等于是告诉人们我正在这里偷钟吗？他心里一急，身子一下子扑到了钟上，张开双臂想捂住钟声，可钟声又怎么捂得住呢！钟声依然悠悠地传向远方。

他越听越害怕，不由自主地抽回双手，使劲捂住自己的耳朵。"咦，钟声变小了，听不见了！"小偷高兴起来，"妙极了！把耳朵捂住不就听不到钟声了吗？"他立刻找来两个布团，把耳朵塞住，心想，这下谁也听不见钟声了。于是就放手砸起钟来，一下一下，钟声响亮地传到很远的地方。人们听到钟声蜂拥而至把小偷捉住了。

此故事非常符合心理防御机制中的否定心理。

人为了保持心理平衡，在遇到对自己很不利或打击很大的事情的时候，会自觉或不自觉地在主观上否认它的存在或发生，以使自己的情感和精神免受过度的打击，保持一定的心理平衡。比如，痛失爱子的母亲每天还照常给儿子做饭，不承认他已离去。否定心理虽然是一种消极被动的心理防御，并不能从根本上解决问题，然而也能暂时缓解内心的痛苦，因此，在遭受沉重打击的初期，否定心理是有一定好处的，但否定心理不能过分地延长，否则会影响到正常的生活，不利于心理创伤的恢复。

同学们有没有出现过否定心理呢？只要认真回忆过去经历的一些重大挫折事件，你就很可能会发现自己曾经的否定心理。

7 江山易改，禀性难移：难改的是气质，不是性格

成语“江山易改，禀性难移”出自明朝冯梦龙《醒世恒言》第三十五卷：“看官有所不知。常言道得好，江山易改，禀性难移。”

这个成语涉及心理学中的两个重要概念——气质与性格。气质具有稳定性，是很难改变的；而性格则是可以适当改变和完善的。可见，禀性难移主要指的是气质而不是性格。

气质为什么很难改变呢？

心理学认为，人的气质主要是由人的神经系统的特征所决定的，而神经系统的特征主要由遗传所决定，所以很难改变。

常见的气质可分为4种类型，即胆汁质（兴奋型）、多血质（活泼型）、黏液质（安静型）、抑郁质（抑制型）。活泼、好动、敏感、反应迅速、喜欢与人交往、注意力容易转移、兴趣容易变换，等等，是多血质的特征；直率、热情、精力旺盛、情绪易于冲动、心境变换剧烈，等等，是胆汁质的特征；安静、稳重、反应缓慢、沉默寡言、情绪不易外露、注意力稳定但难以转移、善于忍耐，等等，是黏液质的特征；孤僻、行动迟缓、体验深刻、善于觉察别人不易觉察到的细小事物，等等，是抑郁质的特征。这4种气质类型的名称曾被许多学者所采纳，并一直沿用至今。

人的气质类型可以通过一些方法加以测定。但真正属于某一种类型的人很少，多数人是介于各类型之间的中间类型，即混合型，如胆汁—

多血质，多血——黏液质等。

性格则更多地受社会生活条件的制约，主要是后天形成的。因此，是比较容易改变的。关于性格的分类，同学们经常使用的外向性格和内向性格就是最常见的分类之一。除此之外，人们还把性格分为理智型、情感型和意志型；还有分为独立型、顺从型与反抗型的。性格的分类是非常多的，从不同的角度分析性格就会得到不同的性格分类。

除去带有道德评价的性格特征（比如正直、诚实、勤劳、狡诈、虚伪、懒惰）外，纯粹心理层面的性格特征（比如外向型、内向型、独立型、顺从型、理智型、情感型等）并没有好坏之分，而是各有利弊。比如交朋友，只要能付出真心，外向的人就可以交到许多朋友，而内向的人则可以交到十分稳固的朋友。是不是各有利弊？

在心理学上，纯心理层面的性格特征也被称为人格特征。本书中所使用的"性格"一词指的都是纯心理层面的性格，并不包括带有道德评价的性格。

性格虽然是容易改变的，但是同学们正处于自我意识形成的关键时期，接纳自我（包括接纳自我的性格）是一个非常重要的成长课题，所以，同学们要追求的是完善自己的性格，而不是改变自己的性格。

性格无所谓好坏，内向与外向并无高下之分。一个人只要做适合自己性格的事情（比如内向的人适合做科研工作，外向的人适合做人事工作），性格就是自己前进的风帆；如果你勉强自己做不适合自己性格的事情，甚至想改变自己的性格来做事情，性格则会成为你实现理想的绊脚石。

当然，无论是内向性格还是外向性格，都有一个逐步完善的过程，都应该在本身所具备的性格中加入一点反向的性格。比如，外向性格者可以学习内向性格者的稳重，内向性格者也可以学习外向性格者的热情，但完善的过程必须以保持原有个性为前提，不能有过大的变化。实际上，从心理健康的角度看，如果一个人的性格忽然发生很大的变化，往往是心理疾病出现的征兆。性格的相对稳定也是心理健康的基础。

8 朝三暮四：猴子为什么上当？

“朝三暮四”这个成语源于庄周《庄子·齐物论》。故事是这样的：

战国时代，宋国有一位养猴子的老人，他在家中的院子里养了许多猴子。日子一久，这位老人就能理解猴子们的意思了，猴子们也很得老人的关心。

老人每天早晚都分别给每只猴子喂食四颗橡子。几年之后，老人的经济状况越来越差，而猴子的数量却越来越多，所以，他就想把每天给每只猴子的橡子由八颗改为七颗，于是他就和猴子们商量说：“从今天开始，我每天早上给你们三颗橡子，晚上还是照常给你们四颗橡子，你们同不同意？”

猴子们一听，发现早上少了一颗，就一个个吱吱大叫起来，还到处跳来跳去，非常不愿意似的。

老人一看到这个情形，连忙改口说：“那么我早上给你们四颗，晚上再给你们三颗，这样该可以了吧？”

猴子们一听，早上的橡子又由三颗变成了四颗，跟以前一样了，就高兴地在地上打起滚来。

这个寓言故事的本意是指玩弄手法欺骗人，后用来比喻常常变卦，反复无常。

这里，我要分析的是：从早上三个晚上四个改为早上四个晚上三个，数量并没有增加，猴子为什么会高兴呢？因为猴子过分在乎早上的橡子数量，而忽视了全天的橡子数量。也就是因为过分在乎局部而忽视了整体，这往往是心理不够成熟的表现。猴子毕竟是猴子，相对人来说，猴子的心理肯定是不成熟的。正因为这位老人了解猴子的这种心理特征，所以他“朝三暮四”的忽悠手法才得以成功。

而在我们的身边，也确实存在这样的人：他们过分在乎眼前的一点得失，而忘记了整个人生的幸福。比如，有的学生过分在乎一次考试的分数，而忘记了体会学习的乐趣，结果学习的后劲严重不足；有的成年人过分在乎眼前职位的升迁和物质上的利益，而忘记了规划整个职业生涯，结果出现职业倦怠，等等。

9 草木皆兵：情绪对知觉的影响

前面，我们以《智子疑邻》为例分析了情绪对认知的影响。这里，我们再分析一下成语故事“草木皆兵”中情绪影响知觉进而导致错觉产生的原因。

在分析之前，我们先介绍一下知觉、错觉及认知这三个心理学概念。

知觉是直接作用于感觉器官的客观事物在人脑中的整体反映。它是各种感觉器官协同合作的结果，具有整体性、恒常性、理解性、选择性。例如，一个苹果放在面前，我们不仅可以闻到苹果的香味，还可以看到苹果的颜色，触摸到苹果的质感。当我们把这些嗅觉的属性、知觉的属性、触觉的属性结合起来后，就形成了对苹果的知觉。

认知则是个体通过意识活动对事物认识与理解的心理过程，是个体获得知识的过程，我们习惯上将认知与情感、意志相对应。认知包括知觉、表象、记忆、想象、思维等。

通过比较，我们发现，知觉是以形象性、具体性为主要特征的，而认知是以抽象性、概括性为主要特征的。举例来说，我们感受到一棵树的高度、颜色等属于知觉；有人觉得这棵树的木材可以做家具，有人觉得这棵树对于我们的环境很重要等判断就是认知。

错觉则是在客观事物刺激作用下产生的对刺激物主观歪曲的知觉。因此，错觉可以说是错误的知觉。一般认为错觉产生的原因有主客观两个方面。客观上，是由环境的变化引起的；主观上，往往与过去的经验、习惯、定势、情绪等心理或生理因素有关。

错觉现象是普遍存在的，在各种知觉中都可以发生：

视错觉：在某些视觉因素干扰下而产生的错觉，在视错觉中又以几何图形的错觉最为突出，包括关于线条的长度和方向的错觉、图形的大小和形状的错觉等。下图列举了视错觉的几个典型例子，a 图中等长的两横线看起来上长下短；b 图中两横线本来是平行的，但看起来却不是平行的；c 图中两个中心等圆看起来右面的显得大了点。

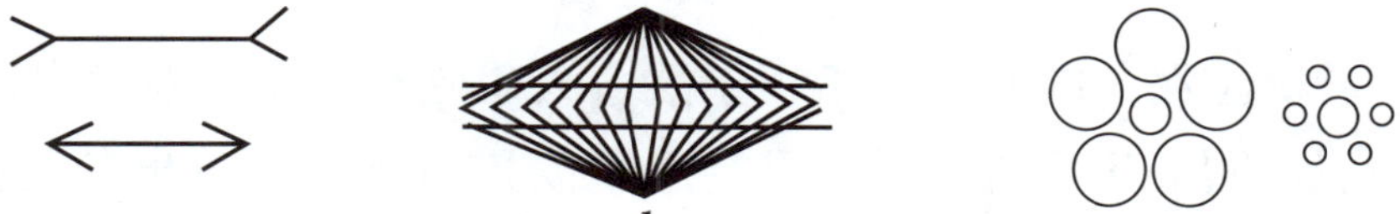

a　　　b　　　c

形重错觉：由于视觉而对重量感发生错觉。如用手比较一千克铁和一千克棉花，总会觉得一千克铁重些。这是受经验定势的影响，由视觉而影响到肌肉的错觉。

时间错觉：在某种情况下，同样长短的时间会发生不同的估计错觉，觉得有快有慢。时间错觉受态度情绪影响很大。

方位错觉：在一个会场里听报告，我们所听到的声音分明是从旁边的扩音器里传来的，但我们总觉得它是从讲话者那里传来的。飞行员在海面飞行时，由于海天一色，很可能产生倒飞错觉。如果此时没有仪表的帮助，是很危险的。

“草木皆兵”这个成语就属于心理原因（极度恐惧）导致的视错觉。这个现象的产生又与心理暗示密切相关：在强烈的恐惧中，常常会觉得敌人马上就要追上来了。不停地暗示敌人要追上来的心理反过来又加重了恐惧心理。极度的恐惧最终导致了“草木皆兵”。

除了强烈的恐惧可导致我们出现视错觉之外，任何一种强烈的情感都可能导致视错觉产生，比如，当我们极其思念某人的时候，就很容易将眼前一个并不大相似的人当成我们思念的人。

10 望梅止渴：是什么引出我们的口水？

“望梅止渴”的原意是指梅子酸，人想吃梅子就会流口水而止渴。后比喻愿望无法实现，用空想来安慰自己。典故出自《世说新语·假谲》，大致故事是：曹操率领部队去讨伐张绣，天气热得出奇，骄阳似火。为激励士气，曹操说：“前面不远处有很大的一片梅树林，梅子特别多，又甜又酸，到时我们吃个痛快。”士兵们听了，一个个都流出口水来，不再喊渴了，行军的速度也加快了。

在电影《上甘岭》中，我们可爱的连长也成功地演绎了一回现代版的“望梅止渴”。电影中有这样一个情节：在坑道里严重缺水的情况下，连长给战士们讲了一个关于“梅子”的故事，引得战士们一个个都吞起了口水。

吃梅子能止渴，是因为梅子有水分。那为什么战士们并没有吃梅子，而仅仅是听说了“梅子”这个词语就能止渴呢？我们该如何运用心理学理论进行解释呢？

我们可以用条件反射理论来解释这个成语

在介绍条件反射之前，我们要先介绍一下非条件反射。非条件反射是指人生来就有的先天性反射，是一种比较低级的神经活动，由大脑皮层以下的神经中枢（如脑干、脊髓）参与即可完成。膝跳反射、眨眼反射、缩手反射、婴儿的吮吸、排尿反射等都是非条件反射。梅子是一种很酸的果实，一吃起来就让人口水直流。这种反射活动是人与生俱来，不用学即会的，因此也属于非条件反射。所以，准确地说，吃梅子止渴，不仅是因为梅子有水分，还因为梅子能刺激人分泌唾液——这也在一定程度上起到了止渴的作用。

条件反射则是人出生以后在生活过程中逐渐形成的后天性反射，是在非条件反射的基础上通过模仿、学习而形成的反射。

根据引起条件反射的信号的类型，条件反射又可分为第一信号系统的反射和第二信号系统的反射。由视觉的、听觉的、触觉的、嗅觉的、味觉的等各种具体刺激物为信号引起的条件反射，叫作第一信号系统的反射，是人和动物共有的；以词和语言为信号刺激而形成的条件反射属于第二信号系统的反射，它是人类所独有的。

多次吃过梅子的人，当他看到梅子的时候，也会流口水。这是他在曾经吃梅子流口水的基础上完成的，是第一信号系统引起的条件反射；而吃过梅子的人，并没有看见梅子，仅仅是听说“梅子”这个词就会流口水，也属于条件反射，但这是第二信号系统——语言引起的条件反射。

所以，“看见梅子止渴”和“听说梅子止渴”虽然都属于条件反射，但还是有区别的：前者是第一信号系统引起的条件反射，后者是第二信号系统引起的条件反射。

因为条件反射是在非条件反射的基础上形成的，所以，一般来说，望梅止渴现象的产生是有条件的，那就是：此刻，你极其口渴，并且你吃过梅子。如果你从来就不知道梅子为何物，是何味道，别人说梅子的时候，你是很难流口水的。不过，人类的语言很发达，就算你从没有吃过梅子，我们也可以打一些比方把吃梅子的感受直观而生动地描述出来，照样能让口渴难耐的你流口水。

11 黄粱美梦：愿望的满足

成语“黄粱美梦”出自唐·沈既济的《枕中记》，后来，这个典故就成了家喻户晓的成语故事，用来比喻虚幻的梦想。大概故事如下：

青年卢生，旅途中经过邯郸，住在一家客店里。道人吕洞宾也住在这家客店里。卢生同吕翁谈话时，连声怨叹自己穷困的境况。吕翁便从行李中取出一个枕头来，对卢生说：“你枕着这个枕头睡，就可以获得荣华富贵。”这时，店主人正在煮饭（黄色的小米饭），离开饭时间尚早，卢生决定枕着这个枕头先睡一会儿。不想一躺下去立刻做起梦来。在梦里，他娶了清河崔府一位高贵而美丽的小姐，生活阔绰，十分体面。第二年，又考中进士。后来就步步高升，做官一直做到节度使、御史大夫，还当了十年宰相。后来被封为“燕国公”。五个儿子，都和名门望族结了亲，而且都做了大官。他一共有十几个孙子，个个都聪明出众。真是子孙满堂，福禄齐全。他一直活到八十多岁才寿终正寝。醒来后，他才发觉原来只是一场梦。这时，店主人煮的黄粱米饭都还没有熟呢！想想这几十年的荣华富贵竟是如此短暂的一场梦，卢生甚为惊异。

梦里的情景虽然是虚幻的，但它也能在一定程度上满足做梦人的愿望。卢生在现实中十分贫穷，他追求荣华富贵的愿望在现实中始终无法得到满足，就只好在梦中得以满足了。这个成语所蕴含的思想正

好与西方精神分析大师弗洛伊德关于梦的理论相吻合。

做梦的目的何在？弗洛伊德的观点是，做梦是为了满足愿望。例如，口渴时做梦喝水——这是满足喝水的愿望，等等。

梦可以满足人的愿望，这一点，一般人都不会有异议。我们总喜欢把美好而又难以实现的愿望称为美梦或梦想。但是说做梦的唯一目的是满足愿望，并不是谁都能同意的。

青少年时期是多梦的季节。在梦中满足一下自己无法实现的愿望（比如总想考第一名又总是考不到第一名的同学，常常会在梦中实现考第一名的愿望），对同学们平衡身心是有好处的，但是不可沉迷于虚幻的梦中。否则，极容易造成现实与虚幻的混淆，对成长造成不利的影响。蒲松龄的《聊斋志异·画壁》中的朱孝廉就因过分沉迷虚幻而模糊了现实与虚幻的界限。所谓“一切幻象，实皆人心所自生”，正因为沉迷于幻想中的满足，他才在一幅画上面产生幻象并无法自拔。

梦的心理学常识：

一般来说，做梦并不会影响睡眠。有的同学担心自己梦做多了，会睡不好觉。这种担忧是多余的。

梦可以反映一个人的心理健康水平。如果一个人做的梦很幸福，很平静，梦中的光线很明亮，色彩很和谐，声音很悦耳，甚至在梦中还闻到一些花香的话，此人的心理健康水平一般来说会比较高；如果一个人做的梦总是很压抑，梦中的光线很阴暗，色彩不是很和谐，声音比较刺耳，气味也比较难闻，此人的心理健康就可能存在问题；如果一个人经常做很恐怖的梦，甚至从梦中惊醒的话，则很可能是心理疾病（或心理创伤）在梦中的反应，一定要引起重视，最好是向心理学专业工作者求助。

12 刻舟求剑：思维定势起作用

成语“刻舟求剑”出自战国吕不韦的《吕氏春秋·察今》：楚人有涉江者，其剑自舟中坠于水，遽契其舟曰：“是吾剑之所从坠。”舟止，从其所契者入水求之。舟已行矣，而剑不行，求剑若此，不亦惑乎？

故事说的是一个楚国人在渡江的时候，剑从船上掉进了水里。他急忙用刀在船沿上刻了一个记号，说：“这儿是我的剑掉下去的地方。”船停止以后，此人就从他所刻记号的地方下水去找剑，结果当然是一无所获。船已经向前行驶了很远，剑却不会和船一起前进，像这样去找剑，不是很糊涂吗？

这样一个成为后人笑柄的故事中有没有心理学原理呢？

当然有的。这就是心理学中的思维定势。思维定势指的是心理活动中的预先准备状态，它对人的知觉、记忆、思维、行为和态度都起着重要的作用。

下面，我们再来分析一下刻舟求剑的故事。东西在陆地上丢失的话，做个记号就比较容易找到，这是在陆地上找东西的方式。这种方式在反复使用之后常常会成为一种定势。后来，这个楚国人就在思维定势的作用下盲目地采用了在陆地上找东西的方法。

思维定势的作用也是利弊参半。

思维定势形成的准备状态可以使我们在从事某些活动时变得相当熟练，甚至达到自动化，以节省时间和精力。但是，思维定势又会束缚我们的思维，使我们只用常规方法去解决问题，而不会用其他方法来突破，这就给解决问题带来了一些消极影响。

有这样一个著名的试验：把6只蜜蜂和6只苍蝇装进一个玻璃瓶中，将瓶子平放，瓶底朝着窗户。结果是，蜜蜂不停地在瓶底找出口，直到力竭倒毙或饿死；而苍蝇则在不到两分钟之内，就穿过另一端的瓶口逃逸一空。

蜜蜂之所以没能走出玻璃瓶，是因为它们没能打破自己的定势：向着亮光飞；而苍蝇因为没有什么定势，所以它们到处乱飞，在乱飞的过程中，很快就找到了逃生的出口。

当我们身处逆境时，必须打破思维定势来思考问题，否则我们就会像蜜蜂一样困在心灵的囚笼之中。

另外，同学们在学习中也要经常打破思维定势，比如在解一些难度较大的几何题的时候更应如此。

13 甜言蜜语：联觉和通感

成语“甜言蜜语”出自元朝马致远《岳阳楼》第二折：“化一盏茶吃，你可是甜言蜜语的，出家人那里不是积福处。”意思是指像蜜糖一样甜的话。比喻为了讨人喜欢或哄骗人而说好听的话。

“甜言蜜语”这个成语里面有一个非常有趣而又十分常见的心理现象，即联觉。联觉是指由一种感觉引起另一种感觉的心理活动。“甜言蜜语”这个成语说的就是由听觉引起了味觉。除味听联觉外，在日常生活中，我们还常有这样的体验：看到红的、橙的、黄的颜色会产生温暖的感觉，而看到蓝的、青的、绿的颜色会产生寒冷、凉快或清爽的感觉，因而前者被称为暖色，后者被称为冷色。这是由视觉引起温度觉的结果。

正是因为有联觉心理现象的存在，人们才在有意无意中把这一心理学原理应用到了写作之中，即通感的修辞手法。

常见的通感类型有：

视觉引起听觉的通感，例如，“塘中的月色并不均匀，但光与影有着和谐的旋律，如梵阿铃上奏着的名曲。”（朱自清《荷塘月色》）

听觉引起视觉的通感，例如，“海在我们脚下沉吟着，诗人一般。

那声音仿佛是朦胧的月光和玫瑰的晨雾那样温柔。”（鲁彦《听潮》）；“唱了十数句之后，渐渐地越唱越高，忽然拔了一个尖儿，像一线钢丝抛入天际，不禁暗暗叫绝。”（《明湖居听书》）

听觉引起味觉的通感，例如，“……三万六千个毛孔，像吃了人生果，无一个毛孔不畅快。”（《明湖居听书》）

嗅觉引起听觉的通感，例如，“微风过处，送来缕缕清香，仿佛远处高楼上渺茫的歌声似的。”（朱自清《荷塘月色》）

视觉引起味觉的通感，例如，“她笑得很甜。”

当然，文学作品中通感的类型远不止这些。这里就不再举例了。

第六章

心灵小故事点评

1 被上帝咬过一口的苹果

有一个人从小双目失明。懂事后，他为此感到深深的烦恼，认定这是老天在惩罚他，感到自己这辈子都完了。

后来，一位老师对他说：“世界上的每个人都是被上帝咬过一口的苹果，都是有缺陷的，有的人缺陷比较大是因为上帝特别喜欢他的芬芳。”

他听了之后很受鼓舞，从此把失明看作是上帝的特殊钟爱，并开始振作起来。若干年后，他成了一位德艺双馨的盲人推拿师。

上帝知道这件事后，笑道：“我很喜欢这个美丽而睿智的比喻，但要声明一点：所谓缺陷是生理上的缺陷。那些有道德缺陷的人是烂苹果，不是我咬的，是虫蛀的。”

心理点评：

生理缺陷并不可怕，道德缺陷才是真的可怕。完善我们的道德，充实我们的心灵，应该是我们一生永远的追求。

2 走钢丝的瓦伦达

瓦伦达是美国一位著名的高空走钢丝表演者，在一次重要的表演中，不幸失足身亡。他的妻子事后说，我事前就预感这次会出事，因为他上场前总是不停地说，这次太重要了，不能失败，绝不能失败。而以前表演时，他只想着走钢丝这件事，根本不去管这件事可能带来的一切。

心理点评：

这种不是专心致志于做事本身，而是一再考虑做这件事可能带来的结果，从而患得患失的心态，就是心理学上著名的瓦伦达心态。

美国斯坦福大学的一项研究表明，人脑里想象的某一图像会像实际情况那样刺激人的神经系统。比如，当一个高尔夫球球手击球前一再告诉自己“不要把球打进水里”时，他的大脑里往往就会出现“球掉进水里”的情景，而结果往往事与愿违——球大多都会掉进水里。

这项研究很好地证实了瓦伦达心态的存在。

考试时，不去想考试结果，而是静下心来想每一道题目，我们就能避免瓦伦达心态的不利影响，正常乃至超常发挥水平。

3 悲观的哥哥与乐观的弟弟

有兄弟俩，哥哥是彻头彻尾的悲观主义者，弟弟则是个天生的乐天派。在一个圣诞节前夕，家里人为了改变哥哥悲观的性格，为兄弟二人准备了不同的礼物：给哥哥的礼物是一辆崭新的自行车，给弟弟的礼物则是满满的一盒马粪。

拆礼物的时间到了，所有人都在等着看他们的反应。

哥哥拆开他那个巨大的盒子之后，竟然哭了起来，说道："你们知道我不会骑自行车！而且外面还下着这么大的雪！"正当父母手忙脚乱地哄他高兴的时候，弟弟好奇地打开了属于他的那个盒子——房间里顿时充满了一股马粪的味道。出乎意料，弟弟欢呼了一声，然后就兴致勃勃地东张西望起来，说道："快告诉我，你们把马藏在哪儿了？"

心理点评：

和这个故事的道理相同的是《晒盐与卖伞》的故事。故事是这样的：有位老妇人，她有两个儿子，一个晒盐，一个卖伞。下雨天，老妇人为晒盐的儿子发愁，晴天又为卖伞的儿子发愁，整天闷闷不乐。有人就告诉她，你下雨天为卖伞的儿子高兴，晴天再为晒盐的儿子高兴，这样你每天都是快乐的了。老人照做了，她真地每天都快乐了。

对于悲观的人来说，天下没有一张合适他的凳子；对于快乐的人来说，即使天空下着雨，他的心里也是明媚的。

4 将要被埋葬的驴子

一天，农夫的驴子不小心掉进一口枯井里。农夫绞尽脑汁想救出驴子，但几个小时过去了，驴子还在井里痛苦地哀号着。

最后，这位农夫决定放弃。不过，他觉得与其听驴子在井里不停地哀号，看着它慢慢死去，不如将井填起来，将驴子埋在井里，这样可以早一点结束驴子的痛苦。于是，农夫便请来左邻右舍帮忙将井中的驴子埋了。

邻居们一人拿一把铲子，开始将泥土铲进枯井中。

刚开始的时候，驴子叫得很凄惨。但出人意料的是，一会儿之后，这头驴子就安静下来了。农夫好奇地探头往井底一看，眼前的景象令他大吃一惊：当铲进井里的泥土落在驴子的背部时，驴子迅速将泥土抖落在一旁，并站到泥土堆上面。

就这样，驴子将大家倒在它身上的泥土全部都抖落在自己的脚下。很快，这只驴子便得意地上升到井口，然后在众人惊讶的表情中跑掉了。

心理点评：

巴尔扎克说：苦难对于强者是垫脚石，对于弱者是万丈深渊。而驴子则告诉我们：弱者并不永远是弱者。由弱者变强者，就在我们的一念之间。

5 额满，暂不雇佣

22岁的西蒙·福格从伯明翰大学毕业后，来到伦敦寻找工作。他经过充分的准备之后，决定到世界最著名的《泰晤士报》去应聘。他走进了总经理的办公室，十分恭敬地问："请问你们需要编辑吗？"对方看了看他，说："不需要。""记者呢？""也不要。"他却毫不气馁，继续问道："那么，排字工、校对员呢？"总经理已经有些不耐烦了，说："不，都不。我们现在什么空缺都没有。"谈话进行到这里，几乎所有的求职者都会失望地回去，因为总经理的态度表明，报社目前"不可能"录用任何人。可是，西蒙·福格却不这么想，他从包里掏出一块精致的牌子，交给对方，说："那你们一定需要这个了。"对方接过一看，只见上面写着：额满，暂不雇佣。

结果，西蒙·福格被总经理留了下来，负责报社的宣传工作。20年后，他成了这家报社的总编。

心理点评：

"山重水复疑无路，柳暗花明又一村"。在看似绝望的地方，往往蕴藏着最大的希望。要在绝望处找到希望，就要做个有心人，不轻言放弃。

6 两只翻墙的蚂蚁

有两只蚂蚁想翻过墙，寻找墙那头的食物。一只蚂蚁一来到墙脚就毫不犹豫地向上爬。当爬到一半时，这只蚂蚁跌落了下来。可是它毫不气馁，一次次跌下来，又一次次地重新向上爬去。

另一只蚂蚁观察了一下，决定绕过墙去。很快，这只蚂蚁就绕过墙找到了食物，并开始享用起来；而那只蚂蚁还在不停地跌下来又爬上去，爬上去又跌下来。

心理点评：

成功需要勇气，需要坚持不懈的精神，但同时还需要智慧，需要一个好的策略。

7 被自己囚禁的人

一个人在他23岁时被人陷害，在牢房里待了9年。后来冤案告破，他终于走出了监狱。出狱后，他开始了年复一年、日复一日的控诉和咒骂：“我真不幸，在最年轻有为的时候竟遭受冤屈，在监狱度过了本应最美好的时光。那样的地方简直不是人居住的地方，狭窄得连转身都困难。常年不见阳光。夏天蚊虫叮咬，冬天寒冷难忍……真不明白，上帝为什么不惩罚那个陷害我的家伙。即使将他千刀万剐，也难以解我心头之恨啊！”73岁那年，在贫病交加中，他终于卧床不起。弥留之际，牧师来到他的床边，说道：“可怜的人，去天堂之前，忏悔你在人世间的一切罪恶吧……”牧师的话音刚落，病床上的他却说：“我没有什么需要忏悔的，我需要的是诅咒，诅咒那些施予我不幸命运的人……”牧师问：“你因受冤屈在监狱里待了多少年？离开监狱后又生活了多少年？”他用尽最后一点力气将数字告诉了牧师。牧师长叹一口气，说：“可怜的人，你真是世上最不幸的人！他人囚禁了你9年，你却用仇恨、抱怨和诅咒将自己囚禁了整整41年啊！”

心理点评：

只要我们自己不囚禁自己，任何人都无法真正囚禁我们！所以，真正的不幸不是外在的遭遇，而是我们内心的体验。

8 扛船赶路的人

一个年轻人背着一个大包裹千里迢迢跑来找无际大师。他说："大师，我是那样的孤独、痛苦和寂寞！长期的跋涉使我疲倦到极点。我的鞋子破了，荆棘割破双脚；手也受伤了，流血不止；嗓子因为长久的呼喊而喑哑……为什么我还找不到心中的阳光？"

大师问："你的大包裹里装的什么？"这个年轻人说："它对我可重要了。里面是我每一次跌倒时的痛苦，每一次受伤后的哭泣，每一次孤寂时的烦恼……靠了它，我才能走到您这儿来。"

于是，无际大师带着这个年轻人来到河边，他们坐船过了河。上岸后，大师说："你扛了船赶路吧！""什么，扛了船赶路？"这个年轻人很惊讶："它那么沉，我扛得动吗？""是的，孩子，你扛不动它。"大师微微一笑，说："过河时，船是有用的。但过了河，我们就要放下船赶路。否则，它会变成我们的包袱。痛苦、孤独、寂寞、灾难、眼泪，这些对人生都是有用的，它能使生命得到升华，但须臾不忘，就成了人生的包袱。放下吧！孩子，生命不能太负重啊！"这个年轻人放下包袱，继续赶路，他发觉自己的步子轻松而愉悦，比以前快得多。原来，生命是可以不必如此沉重的。

心理点评：

“学会放下”是人生的大智慧。我们不仅要学会适当放下诸如钱财、地位等外在的诱惑，还要学会在必要的时候放下自己心中的那份苦难。

9 记录阳光

曾经有一个考察队在北极考察。队长贝德给队员布置了一项任务，要求每个人除了记录考察日志外，还要坚持写日记，内容以描写阳光下的景物为主。由于日期延误，考察队无法及时返回，他们不得不在黑暗、寒冷和孤寂的极夜中停留很长一段时间。队员们发现，黑暗和寒冷还可以忍受，只是那份孤寂压得每个人都要发疯了。这时，队长贝德宣布：“现在我要检查你们的日记，请大家依次朗读！”人们安静下来，只有朗读者在声情并茂地讲述着阳光下的故事。人们仿佛看到了闪着银光的雪原，看到了成群的企鹅奔跑的身姿，看到了北极熊从水中爬上冰块，看到了阳光下美好的一切。就这样，每朗读一篇日记，人们就会想起许多美好的事物，烦躁和焦虑一扫而光，心中完全被美丽的画面占满了。

心理点评：

就算现实中没有了阳光，我们也可以在心灵中复制阳光，在想象中创造阳光。这就是心灵的神奇之处！

10 酋长的好消息

很早以前，有一群印第安人被白人追赶，逃到了某个地方，处境十分危险。酋长便把所有族人召集起来谈话，说："有些事我必须告知大家，我们的处境看起来很不妙。我这里有一个好消息，也有一个坏消息。"族人中间立刻起了一阵骚动。酋长说："首先我要告诉你们坏消息。"所有的人都神色惶恐地望着酋长。酋长说："除了水牛的饲料以外，我们已经没有什么东西可吃了。"大家开始你一言我一语地谈论起来，并发出"可怕啊！""我们可怎么办？"之类的声音。突然，一个族人发问道："那么，好消息又是什么呢？"酋长回答："那就是，我们还存有很多的水牛饲料。"

心理点评：

把同一个消息理解为一个坏消息和一个好消息，这需要乐观、豁达，还需要人生的智慧。一个人有了这样的智慧，还有什么难关闯不过去呢？这个智慧而幽默的酋长，注定是一个永远不会被命运打败的人。

11 苏格拉底的遗憾

苏格拉底在风烛残年之际，知道自己时日不多，就想考验和点化一下平时表现一直很优异的助手。他把助手叫到床前说：“我需要一位最优秀的传承者，他不但要有相当高的智慧，还必须有充分的信心和非凡的勇气。这样的人选直到目前我还未见到，你帮我寻找一位好吗？”

那位忠诚的助手便开始不辞辛劳地通过各种渠道四处寻找。可他领来一位又一位，都被苏格拉底一一婉言谢绝了。半年之后，苏格拉底眼看就要告别人世，最优秀的人选还是没有眉目。助手非常惭愧，语气沉重地说：“真对不起，令您失望了！”

“失望的是我，对不起的却是你自己，”苏格拉底说道，“本来，最优秀的就是你自己，只是你不敢相信自己，才把自己给忽略、给耽误、给丢失了……”话没说完，一代哲人就永远离开了人世。

心理点评：

在人生的航道上，只有扬起自信的风帆，人生的航船才能劈波斩浪，一往无前！

12 昂起头来真美

珍妮是个总爱低着头的小女孩，她一直觉得自己长得不够漂亮。有一天，她到饰物店去买了个绿色蝴蝶结。店主不断地夸她戴上蝴蝶结真漂亮。珍妮虽不信，但是挺高兴，就不由地昂起了头。因为急于让大家欣赏她的蝴蝶结，出门与人撞了一下都没在意。

珍妮走进教室，迎面碰上了她的老师。“珍妮，你昂起头来真美！”老师爱抚地拍拍她的肩说。

那一天，她得到了很多人的赞美。她想，这一定是蝴蝶结的功劳。可当她往镜前一照时，才发现头上根本就没有蝴蝶结，一定是走出饰物店时与人一碰弄丢了。

心理点评：

漂亮的外表是一种美，自信更是一种美。

很多人习惯于用漂亮的外表来增加自信，却忘记了用自信来增加自己的漂亮。故事中的珍妮无意中发现了用自信使自己更漂亮的秘诀。这是珍妮的幸运。

记住：最终并不是你的漂亮衣服增加了你的美，而是你的自信增加了你和衣服的美！

13 被践踏的钞票

在一次讨论会上，一位著名的演说家手里高举着一张20美元的钞票走上前台。

面对会议室里的两百多人，他问："谁要这20美元？"一只只手举了起来。他接着说："我打算把这20美元送给你们中的一位，但在这之前，请准许我做一件事。"他说着将钞票揉成一团，然后问："谁还要？"仍有人举起手来。

他又说："那么，假如我这样做又会怎么样呢？"他把钞票扔到地上，又踏上一只脚，并且用脚碾它。之后，他拾起钞票，钞票已变得又脏又皱。

"现在谁还要？"还是有人举起手来。

"朋友们，你们已经上了一堂很有意义的课。无论我如何对待那张钞票，你们还是想要它，因为它并没贬值，它依旧值20美元。在人生道路上，你们可能会被挫折击倒，可能会失去体面与尊严，甚至可能被凌辱。你们也许会觉得自己一文不值了。但无论发生什么，或将要发生什么，在上帝的眼中，你们永远不会丧失价值。在他看来，你们永远都是无价之宝。"

心理点评：

请记住你内在的价值，你就不会因为失去一些外在的东西而沮丧！

14 克里姆林宫的老清洁工

克里姆林宫内曾有位尽职尽责的老清洁工。她说：“我的工作和叶利钦的工作差不多。叶利钦是在收拾俄罗斯，我是在收拾克里姆林宫。我们都不过是在做自己份内的事。”她说得多么轻松怡然啊！这令人感动，也很令人深思。克里姆林宫的老清洁工在达官显贵面前是地位低下的平民百姓，可她并不自卑，而且还幽默地把自己的工作和总统的工作相提并论，足见其心胸的豁达与坦荡。一国之君也好，一介草民也罢，他们都在做自己该做的事。她在认真收拾红墙内的灰尘和垃圾的同时，也将内心的苦闷和迷惘一起清扫掉了。

心理点评：

热爱自己的职业，并赋予它崇高的意义，这是我们在职业生涯中获得成功的关键。

15 为生命画一片树叶

美国作家欧·亨利在他的小说《最后一片叶子》里讲了这样一个故事：病房里，一个生命垂危的病人从房间里看见窗外的一棵树，叶子在秋风中一片片地掉落下来。望着眼前的凄凉景象，病人的身体也随之每况愈下，一天不如一天。她绝望地说："当树叶全部掉光时，我就要死了。"一位老画家得知此事之后，就用彩笔画了一片叶脉青翠的树叶挂在树枝上。

最后的"叶子"始终没掉下来。就因为生命中的这片绿，病人奇迹般地活了下来。

心理点评：

巴金在散文《灯》中写道："我们不是单靠吃米活着。"他还写道："我的心常常在黑暗的海上漂浮，要不是得着灯光的指引，它有一天也会永沉海底。"这光明就是我们心中的希望，我们必须在希望中才能生活下去。

人生可以失去许多东西，唯独不能失去那片希望的绿叶！

16 决定胜负的铜钱

这是一则禅宗故事。

古代有一位智勇双全的将军。在一次战斗中，双方兵力十分悬殊：他的全部人马只及对方的十分之一，因此众将士有点信心不足。这位将军就带着将士们到一座庙里求神问卜。他取出一枚铜钱，对将士们说："胜负在天，就让神灵决定我们的命运吧！如果铜钱落地后，正面朝上，神将保佑我们战无不胜；如果正面朝下，就是神在让我们失败，我们只有听天由命。"说着，将军把铜钱轻轻向上一抛，落地，正面朝上！将士们顿时信心大增。接着，将军又抛了一次，还是正面向上。这样，将士们都欢呼起来，士气也因此大振。最终，他们获得了胜利。凯旋后，将士们纷纷提出要感谢神灵的保佑。这时，将军拿出铜钱让大家看。原来，这枚铜钱的两面都是正面。众位将士这才恍然大悟，保佑他们获胜的不是神灵，而是他们自己。

心理点评：

这又是一个靠心理暗示取得胜利的案例。在很多情形下，暗示所产生的心理能量非常大。

正

17 肮脏的窗户

有位太太，多年来不停地抱怨对面的太太很懒惰：“那个女人的衣服永远洗不干净！看，她晾在院子里的衣服，总是有斑点。我真不明白，她怎么连洗衣服都洗成那个样子……”直到有一天，有位明察秋毫的朋友到她家，才发现不是对面太太的衣服洗不干净。这位朋友拿了一块抹布，把窗户上的灰渍抹掉，说：“看，对面的衣服是不是就干净了？”

原来，不是对面太太的衣服脏了，而是自己家的窗户脏了。

心理点评：

把自己心灵的窗户擦干净，我们才能看到更美的风景！

18 方向没有错，路错了

几个大学生结伴登山，天气突然变坏，他们找不到出山的路了。所幸警察及当地驻军联合搜救，他们才幸免于难。

“我们知道方向！”其中一个大学生躺在担架上对搜救者说，似乎很不服气。

“只知道方向有什么用？”搜救者说，“方向固然可以帮你找路，但并不等于路。方向告诉你该往西走，偏偏西边遇到山谷，你下不去；方向又指示你往北走，偏偏北边遇到一条河，你又无法渡过。到头来，方向没有错，路错了，唯有活活饿死冻死在山里。”

心理点评：

没有方向，人生的旅途就会陷入混乱。但是，仅仅知道方向，而不知道将心中的方向与脚下的路结合起来，方向也就失去了意义。

19 人生的秘诀

30 年前，一个年轻人要离开故乡，去追求自己的梦想。动身之前，他去拜访本族的族长，请求指点。老族长正在练字，听了年轻人的请求后，就写了 3 个字："不要怕！"然后抬起头来，望着年轻人说："孩子，人生的秘诀只有 6 个字，今天先告诉你 3 个字，供你前半生享用。"30 年后，这个年轻人已是人到中年，有了一些成就，也添了很多伤心事。回到家乡，他又去拜访那位族长，到了族长家里，才知道老人家几年前已经去世。族长的家人取出一个密封好的信封对他说："这是族长生前留给你的。他说有一天你会回来的。"还乡的游子这才想起来，30 年前他在这里只听到人生的一半秘诀。他赶紧拆开信封，里面又是赫然 3 个大字："不要悔！"

心理点评：

年轻人因为经历不多，所以更多的是对未来的向往；中老年人因为所剩时光不多，所以更多的是对过去的思考。只要我们憧憬未来不害怕，回顾过去不后悔，我们就能很好地活在当下！

20 永远的坐票

有一个人经常出差，却常常买不到坐票，只能买站票。可是无论长途短途，无论车上多挤，他总能找到座位。

他的办法其实很简单，就是耐心地一节车厢一节车厢找过去。这个办法听上去似乎并不高明，但很管用。每次，他都做好了从第一节车厢走到最后一节车厢的准备，可是每次他都用不着走到最后就会发现空位。他说，这是因为像他这样锲而不舍找座位的乘客实在不多。经常是在他落座的车厢里尚余若干座位，而在其他车厢的过道和车厢接头处，居然人满为患。

他说，大多数乘客轻易就被车厢拥挤的表面现象迷惑了，不大细想在数十次停靠之中，从火车十几个车门上上下下的流动中蕴藏着不少提供座位的机遇；即使想到了，他们也没有那一份寻找的耐心。眼前一方小小立足之地很容易让大多数人满足。为了一个座位，背负着行囊挤来挤去，很多人会觉得不值。另外，他们还担心，万一找不到座位，回头连个好好站着的地方也没有了。这些不愿主动找座位的乘客大多只能在最初的落脚处一直站到下车。

心理点评：

要想成功地做成某事，除了坚持不懈的精神外，还需要智慧和策略。

21 成功并不像你想象的那么难

1965 年，一位学生到剑桥大学主修心理学。喝下午茶的时候，他常到学校的咖啡厅或茶座听一些成功人士聊天。这些成功人士包括诺贝尔奖获得者、某些领域的学术权威和一些创造了经济神话的人。这些人幽默风趣，举重若轻，把自己的成功看得非常自然和顺理成章。时间长了，他发现，自己被国内一些成功人士欺骗了，那些人普遍夸大了自己的创业艰辛。

作为心理系的学生，他认为很有必要对成功人士的心态加以研究。1970 年，他把《成功并不像你想象的那么难》作为毕业论文，提交给现代经济心理学的创始人布雷登教授。布雷登教授读后，大为惊喜，他认为这是个新发现。因为它从一个新的角度告诉人们：成功与“劳其筋骨，饿其体肤”、“三更灯火五更鸡”、“头悬梁，锥刺股”没有必然的联系。只要你对某一事业感兴趣，长久地坚持下去就可能会成功，因为上帝赋予你的时间和智慧足够你圆满做完一件事情。

心理点评：

一定的苦干与苦学还是需要的，但是，如果你得不到工作与学习的乐趣，这苦干与苦学能持久吗？能有好的效果吗？

22 让人扫兴的理发师

这天，一个女子找理发师设计发型，她告诉理发师，自己准备去罗马度假。那理发师心理有些阴暗，他说："见鬼的罗马！你们怎么去呢？"

"乘大陆航空公司的航班。"

"大陆航空？"理发师说，"这家航空公司服务差，航班还常误点。那在罗马，你们住哪儿呢？"

"我们住泰斯特大酒店。"

理发师眉头皱得更紧了，他说："我敢说，它是全罗马最蹩脚的酒店。那么，你们打算游览哪些地方呢？"

"去梵蒂冈，拜见教皇。"

"拉倒吧！"理发师大笑，"每天有成千上万的游客想见教皇，哪里会轮到你们呢？那么祝你们好运吧！"

一个月后，女人回来了。理发师问她罗马之旅的情况。

"真是太好了！"女人眉飞色舞地说，"大陆航空的飞机准点起飞，空姐服务周到，泰斯特大酒店刚重新装修过，我们住进了总统套间……"

"呃……"理发师嘀咕道，"那倒不错，不过你们肯定没能见到教皇。"

"哦，你不知道我们多幸运！我们游览梵蒂冈的时候，一名卫兵彬彬有礼地把我们请到教皇私宅。教皇不仅接见了我们，还和我们聊了好久呢！"

"真的吗？他说了些什么？"

女人朝这个爱泼冷水的理发师看了一眼，说道："他说给你设计发型的理发师肯定是一个没有品位的人。”

心理点评：

过多地埋怨生活，不仅会加重自己的不幸，还会让别人扫兴。幸运之神从来就只光顾那些对生活充满信心的人。

23 飞翔的蜘蛛

一天，我发现，一只黑蜘蛛在后院的两檐之间结了一张很大的网。从这个檐头到那个檐头，中间有一丈余宽，蜘蛛是怎么把第一根线拉过去的？难道蜘蛛也会飞？后来，我发现，蜘蛛走了许多弯路：从其中一个檐头起，打结，顺墙而下，一步一步向前爬，小心翼翼，翘起尾部，不让丝沾到地面的沙、石或别的物体上，走过空地，再爬上对面的檐头，高度差不多了，再把丝收紧，以后也是如此。

心理点评：

坚韧、勤奋、执着而不放弃，这就是蜘蛛“飞翔”的秘诀。蜘蛛尚能如此，人又有什么理由自暴自弃呢？

24 世上最坚强的东西

世间最坚强的东西是什么？是血肉之躯里深藏着的意志。

摆在面前的是一个人的履历：他，21 岁时，做生意失败；22 岁时，角逐州议员落选；24 岁时，做生意失败；26 岁时，爱侣去世；27 岁时，一度精神崩溃，曾想到自杀；34 岁时，角逐联邦众议员落选；36 岁时，角逐联邦众议员再度落选；45 岁时，角逐联邦参议员落选；47 岁时，提名副总统落选；49 岁时，角逐联邦参议员再一次落选；52 岁时，当选美国第 16 届总统。这个人，就是亚伯拉罕·林肯——美国历史上最伟大的总统之一。

心理点评：

孟子曰：天将降大任于斯人也，必先苦其心志，劳其筋骨，饿其体肤，空乏其身，行拂乱其所为，所以动心忍性，增益其所不能。

只有具备不寻常的意志，才能在磨难中增长才干，并获得不寻常的成功。

25 一加一可以大于二

一个犹太人如此教导儿子：“我们唯一的财富就是智慧，当别人说一加一等于二的时候，你就应该想到结果大于二。”1974年，美国政府为清理因自由女神像翻新而产生的大堆废料，向社会广泛招标。但几个月过去了，仍没有人应标，因为在纽约州，垃圾处理有严格规定，弄不好会受到环保组织的起诉。犹太人的儿子当时正在法国旅行。听到这个消息后，他立即终止了休假，飞往纽约。看到自由女神像下堆积如山的铜块、螺丝和木料，他沉思片刻之后，立即与政府部门签下了协议。消息传开后，许多人都在暗笑，因为他们认为废料回收吃力不讨好，能回收的资源实在很有限，和政府签订这样的协议实在是愚蠢至极。他在人们的嘲笑中开始组织工人对废料进行分类。他让人把废铜熔化，铸成小自由女神像；将旧木料加工成底座；用废铜、废铝的边角料做成纽约广场的钥匙；他甚至把从自由女神像上面扫下来的灰尘都包装起来，出售给花店。这些废铜废铝、边角料、灰尘都以高出它们原来价格的数倍乃至数十倍卖出，且供不应求。不到三个月的时间，他就把这堆废料变成了350万美元，每磅铜的价格整整翻了一万倍。商业社会永无等式可言，当你抱怨生意难做时，也许有人正在因点钞票而累得气喘吁吁。这里面的奥妙在于：你认为一加一等于二，而他则坚持认为一加一可以大于二。

心理点评：

成功不仅仅需要勤奋，更需要智慧，需要创新思维和独特的眼光。

26 愚钝的力量

科学家爱因斯坦曾做过一个实验：他从村子里找了两个人，一个愚钝且软弱，一个聪明且强壮。爱因斯坦找了一块8000多平方米的空地，给两个人同样的工具，让他们在空地上比赛挖井，看谁最先挖到水。愚钝的人接到工具后，二话没说，便脱掉上衣干起来。聪明的人稍作选择也大干起来。两个小时过去了，两人均挖了两米深，但均未见到水。聪明的人断定选择错了，觉得在原处继续挖下去是愚蠢的，便另选了一块地方重挖。愚钝的人则仍在原地吃力地挖着，又两个小时过去了，愚钝的人只挖了一米深，而聪明的人又挖了两米深。愚钝的人仍在原地吃力地挖着，而聪明的人又开始怀疑自己的选择，就又选了一块地方重挖。又两个小时过去了，愚钝的人挖了半米深，而聪明的人又挖了两米深，但两人均未见到水。这时，聪明的人泄气了，他断定此地无水，便放弃了挖掘，离去了。而愚钝的人虽然体力不支了，但还是在原地继续挖着。终于，奇迹出现了，只见一股清水汩汩而出。结果，这个愚钝的人获胜了。

爱因斯坦后来对学生说：看来，条件优越、聪明强壮者不一定会得到成功，成功有时需要一种近乎愚钝的力量啊！

心理点评：

所谓“愚钝的力量”其实就是“定力”，就是“坚持的力量”，就是相信自己的选择，在拼搏奋斗的过程中目标坚定如一，哪怕最终的结果并不能如其所愿，也无怨无悔。

27 渔王的苦恼

他的捕鱼技术一流，被人们尊称为渔王。然而，年老的渔王非常苦恼，因为他的三个儿子的捕鱼技术都很平庸，完全不像是渔王的儿子。

他经常向人诉苦："我真不明白，我的捕鱼技术这么好，我的儿子们为什么这么差？从他们懂事起，我就开始将捕鱼技术传授给他们。我教他们怎样织网，告诉他们怎样划船不会惊动鱼，怎样下网最容易捕捉到鱼。等他们长大了，我又教他们怎样识潮汐、辨鱼汛……凡是我辛辛苦苦总结出来的经验，我都毫无保留地传授给了他们，可他们的捕鱼技术竟然赶不上一些普通渔民的儿子。这让我很没面子！"

一位路人听了他的诉说后，问："你一直手把手地教他们吗？"

"是的，为了让他们得到一流的捕鱼技术，我教得很仔细很耐心。"

"他们一直跟着你吗？"

"是的，为了让他们少走弯路，我一直让他们跟着我。"

路人说："这样说来，你的错误就很明显了。你只知道传授给他们技术，而不知道让他们自己去获得技术。"

心理点评：

一般来说，一个人在学习知识技能的时候，必须同时获得两种经验，那就是直接经验和间接经验。直接经验是指通过自己的实践而获得的知识，间接经验是指从书本或别人那里得来的知识。

故事中，渔王传授给儿子太多的间接经验，这会在无形中阻碍儿子去获得直接经验。直接经验太少，对间接经验的理解就会很肤浅。渔王儿子的捕鱼技术不高，原因就在于此。

应试教育中的填鸭式教学和渔王的教育方式在本质上是相同的。

28 爱心的力量

这是发生在英国的一个真实故事。

有位孤独的老人，无儿无女，又体弱多病，于是他决定搬到养老院去住，并宣布出售自己漂亮的住宅。购买者闻讯蜂拥而至。住宅底价为 8 万英镑，人们很快就将它炒到了 10 万英镑，且还有不断攀升的势头。

老人深陷在沙发里，满目忧郁。是的，要不是体弱多病，无人照顾，他是不会卖掉这栋陪他度过大半生的住宅的。

这时，一个衣着朴素的年轻人来到老人面前，弯下腰，低声说："先生，我也好想买这栋住宅，可我只有 1 万英镑。如果您把住宅卖给我，我保证让您依旧生活在这里。我会和您一起喝茶，读报，散步，让您每天都快快乐乐的——相信我，我会用整颗心来照顾您！"

老人颔首微笑，把住宅以 1 万英镑的价格卖给了他。

心理点评：

爱心也是一种力量——完成自己梦想的巨大力量。

29 请不要开错窗

一个小女孩趴在窗台上，看着窗外的人埋葬她心爱的小狗，不禁泪流满面，悲恸不已。她的外公见状，连忙引她到另一个窗口，让她欣赏他的玫瑰花园。小女孩的心情顿时好转。老人托起外孙女的下巴说：“孩子，你开错了窗户。”

心理点评：

其实，小女孩并没有开错窗，而是她忘记了还有另一扇窗。

打开悲伤的窗子没有错，把自己囚禁在悲伤的窗子里不能自拔才是真正的错。

30 一堵将要倒的墙

有位老太太坐在马路边，望着不远处的一堵高墙，总觉得墙会倒塌。见有人向墙走过去，她就善意地提醒道：“那堵墙要倒了，离远点走吧！”被提醒的人不解地看看她，大模大样地顺着墙根走过去了——那堵墙并没有倒。又有人走来，老太太又予以劝告，但仍然没有人听她的，墙也依旧没有倒。三天过去了，许多人从墙边走过去，并没有遇上什么危险。第四天，老太太感到有些奇怪，便不由自主地走到墙根下仔细查看，然而就在此时，墙突然倒了，老太太被掩埋在砖石尘土中……

心理点评：

我们会记得提醒别人，却常常忘记提醒自己。所以，危险往往源于对自身的忽视。

31 有些事并不像它看上去那样

两位天使在旅行的时候，到一个富有的家庭借宿。这家人对天使并不友好，不让天使在舒适的客房过夜，而在冰冷的地下室给天使找了一个小小的角落。当他们铺床时，较老的天使发现墙上有一个洞，就顺手把它修补好了。年轻的天使问为什么，年老的天使答道：“有些事并不像它看上去那样。”

第二天晚上，两位天使到了一个非常贫穷的农家借宿。这家主人夫妇对两位天使非常热情，他们把家里最好的食物拿出来款待客人，还让出自己的床铺给两位天使睡。早上醒来，年轻的天使发现农夫的妻子在哭泣，原来是他们家唯一的生活来源——一头奶牛死了。他非常愤怒，就质问年老的天使为什么这样做：第一个家庭什么都有，年老的天使还帮助他们修补墙洞，第二个家庭如此贫穷，主人又是如此善良热情，年老的天使却不阻止奶牛的死亡。

“有些事并不像它看上去那样。”年老的天使答道，“当我们在地下室过夜时，我从墙洞看到墙里面藏满了金块。因为主人被贪欲所迷惑，不愿意分享他的财富，所以我把墙洞填上了。昨天晚上，死亡之神来召唤农夫的妻子，我让奶牛代替了她。所以，我说，有些事并不像它看上去那样。”

心理点评：

付出总会有回报，只是回报的方式往往出乎我们的意料。有时，回报还会让人难以理解。

32 一担柴与一个苹果

一位老和尚的身边聚集着一群虔诚的弟子。这天，他嘱咐弟子每人去南山打一担柴回来。弟子们匆匆行至离南山不远的河边时，个个目瞪口呆。只见河水汹涌，河上又没有桥。无奈之下，大家只能无功而返。回到庙里，弟子们有些垂头丧气，唯独一个小和尚与师父坦然相对。师父问其故，小和尚从怀中掏出一个苹果，递给师父说：“过不了河，打不了柴，我见河边有棵野生的苹果树，就顺手把树上唯一的一个苹果摘下来了。”

后来，这位小和尚成了老和尚的衣钵传人。

心理点评：

人生必须有一个既定的目标。但是，由于某些客观原因，实在无法达到既定目标的时候，找一个替代目标来实现，不也是一种智慧和一种快乐吗?

学会用替代的方式满足自己的愿望，也是心理成熟的一种表现。

33 养牛之道

我在乡下旅行时，看到一位老农把喂牛的草料铲到一间小茅屋的屋檐上，不免感到奇怪，于是问道：“老公公，你为什么不把草料放在地上让它吃？”老农说：“这种草，草质不好，我要是放在地上，牛就会不屑一顾。但是，我把草放到它勉强可够得着的屋檐上，它就会想尽一切办法去吃它，直到把全部草料吃个精光。”

心理点评：

牛吃屋檐上的草，享受的不仅仅是草的味道，还享受了追求的快乐。所以，就算草的味道差一点，牛也会吃得很快乐。

34 心灵的房子

有位老木匠准备退休。他告诉老板，他要永远告别木匠生涯，回家与妻子儿女享受天伦之乐。老板舍不得他走，就问他是否能帮忙再建一座房子。老木匠说可以。但是，大家都看得出来，他的心已不在工作上。他用的是软料，出的是粗活。房子建好的时候，老板把大门的钥匙递给他。

“这是你的房子，”他说，“这是我送给你的礼物。”

他震惊得目瞪口呆，羞愧得无地自容。如果他早知道是在给自己建房子，他怎么会这样呢？他一生建了无数精美绝伦的房子，最后，自己却得住在一栋粗制滥造的房子里！

心理点评：

为别人，其实也是为自己。为别人，其实也是在为我们自己建造心灵的寓所。

35 习惯成自然

一根小小的柱子，一截细细的链子，却拴住了千斤重的大象，这似乎不可思议。可这不可思议的场景在印度和泰国随处可见。那些驯象人，在大象还是小象的时候，就用一条铁链将它绑在水泥柱或钢柱上，无论小象怎么挣扎都无法挣脱。小象渐渐习惯了不挣扎的生活方式，直到长成了大象。当它可以轻而易举地挣脱链子时，它却不挣扎了。

心理点评：

小象被链子绑住，大象则被习惯绑住。

36 让人胆战心惊的桥

有一天，弗洛姆正在办公室办公，他的几个学生走进来，向他请教一个问题：“心态对一个人会产生怎样的影响？”

当时他正在思考一个心理学上的问题，因此有些不想急于回答。过了一会儿，他对这些学生说：“这样吧，同学们，我这里还有一点事情要处理，你们到外面等我一下好吗？”

过了一会儿，弗洛姆从办公室出来了。不过他还是没有直接回答学生们的问题，而是带领他们来到了一间黑暗的屋子里。

在他的带领下，几个学生很快就穿过了这间伸手不见五指的神秘房间。然后，弗洛姆打开房间的一盏灯。借助昏暗的灯光，几个学生这才看清楚房间里的所有布置，吓得全都睁大眼睛，目瞪口呆地站在那里。

原来这间房子的地上有一个很深的水池，池子里蠕动着各种各样的毒蛇，包括一条大蟒蛇和三条眼镜蛇。他们几个人就是刚从池子上的桥上走过来的，而现在正站在离池子不远的地方。此时，已经有几条毒蛇发现了他们，正朝他们吐着蛇信子。

弗洛姆看着已经被吓坏的学生问道：“现在，你们还愿意再走过这座桥吗？”大家你看我，我看你，都不敢吱声。

最后，在弗洛姆的鼓励下，终于有三个学生犹豫地站了出来。然而，当他们一来到桥边就战战兢兢，如临大敌。

“啪！”弗洛姆又打开了房间内的另外几盏灯，学生们揉揉眼睛，发现小桥的下面还有一张安全网。

然后，弗洛姆大声问道：“你们当中还有谁愿意现在就走过这座小桥呢？”

学生们还是没吱声。“为什么不愿意呢？难道你们没看清楚底下有安全网吗？”弗洛姆问道。

“当然看到了安全网。只不过，教授，请问这安全网的质量可靠吗？”有学生心有余悸地问。

最后，弗洛姆向学生解释道：其实，这座桥并不难走，可是桥下面的毒蛇对你们有心理威慑。于是你们就失去了平静的心态，乱了方寸，慌了手脚，表现出各种程度的胆怯。这就是心态对一个人的影响。

心理点评：

恐惧心理本是保护我们不受伤害的，但过分的恐惧会破坏我们内心的平衡，扰乱我们正常的行为，乃至伤害我们的心灵。